L'OBLIGATION
DE TRANSFÉRER LA PROPRIÉTÉ
DANS LA VENTE ROMAINE

FR. 16 D. DE COND. CAUSA DATA, XII, 4

PAR

CHARLES APPLETON
PROFESSEUR A L'UNIVERSITÉ DE LYON

Extrait de la *Nouvelle Revue historique de Droit français et étranger*,
Novembre-Décembre 1906.

LIBRAIRIE
DE LA SOCIÉTÉ DU RECUEIL J.-B. SIREY ET DU JOURNAL DU PALAIS
Ancienne Maison L. LAROSE et FORCEL
22, rue Soufflot, PARIS, 5e Arrond.
L. LAROSE & L. TENIN, Directeurs
1906

L'OBLIGATION DE TRANSFÉRER LA PROPRIÉTÉ

DANS LA VENTE ROMAINE

Fr. 16 D. De cond. causa data XII, 4.

§ 1. — Le problème et les solutions impossibles.

SOMMAIRE

1. Introduction; intérêt du sujet. — **2.** Exégèse de Fr. 16, D. de cond. causa data, XII, 4 (Celse) contredit par Fr. 5, § 1. D. Praescriptis verbis XVIIII, 5 (Paul). — **3.** Extraordinaire étendue de la littérature sur ces textes. Explication d'Azon encore dominante : dans le « *deli tibi pecuniam ut mihi Stichum dares* » Celse ne veut voir ni une vente ni un contrat assimilable à une vente, parce que s'obliger à transférer la propriété serait contraire à la nature de la vente romaine. — **4.** Réfutation de cette explication absurde. — **5.** Véritable portée et utilité de la règle que le vendeur romain n'est pas nécessairement obligé de transférer la propriété. — **6.** Autres tentatives d'interprétation du texte : systèmes anciens; explication de Brinz; de Dumoulin. — **7.** Tentatives infructueuses d'explications plus rationnelles : notre hypothèse antérieure; celle de Schlossmann; réfutation. — **8.** L'explication d'Azon restée dominante, pourquoi? Elle donne une idée fausse de la vente romaine et de l'esprit juridique romain.

1. — Le problème que nous abordons a exercé depuis des siècles la sagacité des romanistes. Dans un article récent, Schlossmann constate qu'aucune de leurs interprétations n'est sérieusement soutenable (1). En désespoir de cause, et sans beaucoup d'assurance, il en propose une nouvelle, pour laquelle la critique n'a pas été plus indulgente (2).

Il y aurait donc témérité à tenter de nouveau l'entreprise par les voies déjà explorées, et c'est dans une direction bien diffé-

------

(1) *Zur Geschichte des römischen Kaufes*, ZSs. R. A., t. XXIV, p. 152-193.

(2) Erman, ZSs. R. A., t. XXV, p. 469 : « Shlossmann a augmenté d'une hypothèse, d'ailleurs peu vraisemblable, le nombre de celles déjà proposées ».

rente qu'il faut chercher la solution. Direction différente, mais non pas procédé nouveau. Il est bien ancien au contraire ; entre les mains de Cujas, que l'on peut considérer comme son inventeur, il a donné des résultats merveilleux, et tout récemment l'un de ceux qui, après notre grand romaniste, ont le plus fait pour la correction des sources, l'éditeur du Code, l'associé de Mommsen pour la publication du Digeste, a appliqué ce même procédé avec un égal succès à la solution d'une autre énigme des Pandectes (1).

Dans le cas présent, le problème prend une ampleur particulière. Il ne s'agit pas seulement de l'interprétation d'un texte embarrassant. Depuis les glossateurs, la décision apparente de ce texte pèse lourdement sur la théorie de la vente romaine et la fausse sur un point capital : l'obligation du vendeur de transférer la propriété. Elle nous ferait croire en effet qu'au début du second siècle de notre ère, les Romains se seraient fait de la vente une idée qui est un défi au sens commun, et qu'un de leurs plus fameux jurisconsultes a vu *une cause de nullité de la vente* dans l'obligation prise par le vendeur de transférer la propriété !

Si cette doctrine extravagante a été réellement professée par l'un des choryphées de cette école de Proculiens « progressistes » (2) dont Pomponius nous représente le fondateur comme un savant et hardi novateur (3), si elle fait réellement partie du monument élevé par Justinien avec les meilleurs matériaux de la sagesse antique, l'autorité du droit romain en sera singulièrement ébranlée.

C'est cela *la raison écrite?*

2. — Voici le texte en discussion (Fr. 16, D. De cond. causa data, XII, 4) : « Celsus libro octavo (4) digestorum : dedi tibi

---

(1) Zss., R. A., t. XXIV, p. 193-197.

(2) Cuq, *Les institutions juridiques des Romains*, II, p. 51 « D'après Pomponius, les Sabiniens sont des conservateurs, les Proculiens des progressistes ».

(3) Fr. 2. § 17, D. De origine juris, 1, 2.

(4) Les Florentines portent : « tertio » par suite d'une erreur certaine du copiste qui a écrit cette partie de l'archétype du Digeste. Dans le modèle fourni par les compilateurs, les nombres n'étaient pas écrits en toutes lettres, mais figurés en chiffres romains. Le scribe a omis un caractère et lu III au

pecuniam ut mihi *stichum* (1) dares : utrum id contractus genus proportione (2) emptionis et venditionis est, an nulla hic alia obligatio est quam ob rem dati re non secuta? in quod proclivior sum : et ideo si mortuus est stichus, repetere possum quod ideo tibi dedi ut mihi stichum dares. Finge alienum esse stichum, sed te tamen eum tradidisse : repetere a te pecuniam potero quia hominem accipientis non feceris : et rursus si tuus est stichus et pro evictione ejus promittere non vis, non liberaberis, quominus pecuniam a te repetere possim ».

« Je vous ai donné de l'argent pour que vous me donniez Stichus. Est-ce qu'il y a là un genre de contrat analogue à l'achat-vente (3), ou bien n'y a-t-il aucune autre obligation que celle résultant d'une dation faite en vue d'un but qui n'a pas été atteint? C'est plutôt à cette seconde opinion que j'incline, et, en conséquence, si Stichus meurt, je puis répéter ce que je vous ai donné pour obtenir Stichus. Supposez que Stichus ne vous appartienne pas et que pourtant vous me l'ayez livré, je pourrai vous redemander l'argent parce que vous ne m'avez pas rendu propriétaire de l'esclave : et, à l'inverse, si Stichus est bien à vous, mais que vous refusiez de me faire une

---

lieu de VIII (Lenel, trad. Peltier, p. 1). L'erreur est rectifiée par Lenel, Pallngenesia, Celsus, 73, n. 1.

Notons cette faute, nous aurons à y revenir.

(1) Nous mettons en italiques, on verra plus tard pourquoi, la chose qui est, d'après le texte, l'objet du contrat pour chacune des deux parties.

(2) Schlossmann, *loc. cit.*, p. 190, n. 1. « Die Worte : pro portione = im Verhaeltnis, nach Verhaeltnis, geben keinen Sinn. Es muss offenbar « proportione » heissen, d. h. « nach Analogie der emptio venditio » Vgl. A. Gellius II, 25, XV, 9, 4 und andere Stellen bei Forcinelli, thes. s. v. *proportio* ». Erman, *loc. cit.*, p. 166-167, applaudit à cette judicieuse remarque : « Hoechst dankenwert ist die Schlossmanns Hinweis auf Forcinelli s. v. proportio, besonders auf. Gellius II, 25 : ἀναλογία, quam quidam proportionem vocant ». Das ist sebstverstaendlich fuer das bisherige « pro portione emptionis » einzuzetzen »... — Denis Godefroy proposait déjà de lire *proportione* en un seul mot : *Corpus juris*, édition Jean de Tournes, Coloniae Munatianae, 1781. C'est évident en effet; il faut donc traduire : « cette espèce de contrat est-il analogue (assimilable) à la vente ».

(3) Accarias, *Théorie des contrats innommés*, 1873, p. 118, à qui nous empruntons cette traduction pour tout le reste, met : « un genre de contrat participant de l'achat et de la vente ». C'est bien cela au fond, mais nous pouvons serrer le sens d'un peu plus près, en lisant *proportione* en un seul mot.

promesse pour le cas d'éviction, vous ne serez pas libéré de la répétition d'argent que je puis exercer contre vous ».

L'œuvre de Celse se place dans le premier tiers du second siècle (1); Pomponius le mentionne comme l'un des choryphées de l'école Proculienne (D. 1, 2, 2, § 53).

Un autre texte vient contredire nettement celui de Celse : Fr. 5, § 1, D. De praescriptis verbis, 19, 5 :

Paulus libro quinto quaestionum... § 1 : Et si quidem pecuniam dem ut rem accipiam, emptio et venditio est : sin autem rem do ut rem accipiam, quia non placet permutationem rerum emptionem esse...

« Si je vous donne de l'argent pour recevoir une chose, il y a vente ; si, au contraire, je vous donne une chose pour en recevoir une autre, comme on n'admet pas que l'échange soit une vente ... ».

3. — Peu de textes ont fait noircir autant de papier et provoqué pareille débauche de subtilités (2).

La doctrine la plus répandue est encore celle du glossateur Azon (glose ad h. l.) : l'acte est, dans le cas prévu par Celse, un contrat innommé et non une vente, parce qu'on y a joint un pacte portant que celui qui reçoit l'argent devra transférer la propriété de Stichus, ce qui est contraire à la nature de la vente : « Quia appositum fuit pactum de dando Sticho, id est de transferanda proprietate Stichi, quod est contra naturam venditionis... est enim dare accipientis facere... ». Au contraire cette clause irritante (!) ne se trouverait pas dans le texte de Paul : « ut rem accipiam » n'implique pas que l'on sera obligé de me transférer la propriété. L'antinomie apparente doit donc s'expliquer par une différence d'hypothèse (3).

(1) Voyez P. Krueger, trad. Brissaud, *Hist. des sources du droit romain*, p. 220.

(2) On a discuté à l'infini pour l'explication de ce texte, dit Pernice, Labeo, III, 1. p. 303. Schulting, Notae ad Digesta, III, p. 81 et s. cité par Schlossmann, l. c. p. 157, n. 1, ne donne qu'une faible idée du nombre des systèmes imaginés pour l'interpréter. Une liste plus étendue se trouve dans Nicolaus de Passeribus, Conciliatio cunctarum legum, Lugduni 1618, p. 201 et s. On peut la compléter elle-même par les citations de l'édition du Corpus juris cité plus haut. Passeribus a oublié notamment un auteur non négligeable : Dumoulin, *Extricatio labyrinthi dividui et individui, principium*, §§ 22 et s.

(3) C'est encore l'explication de Cujas, in libro V quaestionum Pauli

Mais Paul range son cas sous la rubrique : « do ut des » comme il y range celui où « Scyphos tibi dedi ut mihi Stichum dares » et celui où « rem do ut rem accipiam ». Toutes ces expressions sont donc synonymes, et les modernes ne prenant plus, comme les glossateurs, le Digeste pour un bloc où l'on ne saurait admettre de divergences, ont substitué à l'idée d'une différence d'hypothèse, celle d'une différence de doctrine entre les deux jurisconsultes.

Celse, selon la plupart d'entre eux, exagérant l'idée que la vente n'oblige pas nécessairement à transférer la propriété, aurait refusé de voir une vente dans l'acte fait avec cette clause. Paul, plus rationnel, ne voit là aucune difficulté (1).

D'autres, (2) s'avançant avec une louable circonspection sur ce terrain suspect, pensent que la clause obligeant le vendeur à transférer la propriété « n'a *probablement* pas toujours été admise, mais a *peut-être* fini par l'être » et s'efforcent de colorer de quelque apparence de raison l'extraordinaire doctrine attribuée à Celse.

Doctrine bien extraordinaire en effet !

(voyez aussi Quaest. Pap. lib. II, in l. 7, D. praes. verb. 19, 5) : « Non est emptio et venditio, quia ex natura emptionis non est ut venditor rem faciat accipientis ». Du moins Cujas ne dit pas : « contra naturam venditionis ». Pothier, Pandectae Just. XIX, 5, n° 6, dit aussi : « quia haec obligatio (de transférer la propriété) exorbitat a contractu emptionis-venditionis ». De là Cujas concluait : « pecuniam non dedi quasi pretium, Stichi emendi animo, sed quasi rem aut corpus » : Pothier, *loc. cit.*, adopte cette explication. C'est encore la doctrine de Fr. Mommsen, *Beitrage zum Obl. R. I*, p. 393, note 16, cité par Schlossmann, *l. c.* p. 157, et même de Pernice, Labeo III, 1, p. 303. La solution de Celse l'étonne si peu que son attention s'absorbe sur un autre point : Si Celse refuse de voir ici une vente, c'est à cause du paiement immédiat du prix (!!!), c'est cela qui oblige l'*accipiens* à transférer la propriété. Pour la réfutation (superflue) voyez Schlossmann, *l. c.*

(1) Voyez Accarias, *Contrats innommés*, p. 167 et s. Windscheid, *Lehrbuch der Pandecten*, 4° éd., II, § 389, p. 152 note 5, voit dans le texte de Celse une application subtile — peut-être trop subtile — (*zu scharfen?*) de l'idée que le vendeur ne s'oblige pas à transférer la propriété. — De même Cuq. *Les institutions juridiques des Romains*, II, p. 401, n. 7 : « Cette opinion d'une logique trop subtile n'a pas prévalu », etc...

(2) Girard, *Manuel*, t. IV, p. 559, n. 2. — « Celse ne *paraît* pas admettre cette clause..... Mais la solution contraire *semble* avoir été donnée par Paul, ou placée sous son autorité par les compilateurs ». C'est nous qui soulignons.

Comment Celse pose-t-il la question, dit Accarias (1) : « Se demande-t-il si dans l'espèce il y a contrat de vente ou contrat d'échange ? Aucunement. L'hypothèse prévue rentre dans l'échange : c'est un point qu'il ne met pas en question. Mais... on pourrait y voir un contrat, non pas certainement une vente, mais un contrat qui tiendrait de la vente : « Utrum id contractus genus pro portione emptionis et venditionis est »... —Tel est bien en effet le sens. Il ne s'agit pas de savoir si donner de l'argent pour qu'on vous donne une chose constitue un achat ; cette question ne naît même pas pour Celse, tant la *negative* (!) lui paraît évidente : il se demande si ce contrat ne serait pas analogue, donc assimilable, à la vente. Et il croit que non ! Pas même d'analogie (2) !!!

L'absurdité atteint ici son point culminant.

4. — Aussi dès le xv⁰ siècle des protestations s'élevèrent (3). Un siècle plus tard, le robuste bon sens de Dumoulin se révoltait également contre l'idée étrange que l'obligation de transférer la propriété eût pu jamais paraître inconciliable avec la nature du contrat de vente : « Hoc enim pactum non est contra naturam contractus venditionis : patet in l. 80 § 3 D. de cont. empt. 18, 1. (4), ubi contrarium pactum est etiam contra substantiam, nedum contra naturam contractus, ita ut

---

(1) *Contrats innommés*, p. 124.

(2) Proportione, ἀναλογία, voyez ci-dessus. Hyeronymus Butigella, cité par Passeribus, p. 213, n°⁰ 16-18 avait déjà fait une remarque analogue : « Nec enim dicit textus dubium fuisse, an esset emptio, sed an esset pro portione emptionis, scilicet an haberet similitudinem, seu communicationem cum emptione... ». Il en conclut que l'argent devait ici avoir été considéré comme corps certain et non comme quantité (voyez plus bas, n° 6) autrement ou bien l'acte eût été une vente, ou bien tout au moins on eut pu, avec probabilité, y voir une vente. Or Celse n'a aucun doute : ce n'est pas une vente, mais un contrat innommé ; or, si l'argent y était considéré comme quantité, il eut été entièrement probable qu'il y avait vente, puisque les éléments de la vente se trouvent réunis. — Quelles étranges subtilités !

(3) Passeribus, *op. cit.*, p. 207, n°⁰ 16 et 17 cite comme ayant réfuté cette opinion de la glose : Bolognetus (Bolognini ? 1446-1508), le célèbre canoniste Decius (Philippe de Dexio 1454-1535) et Pinellus.

(4) Nemo potest videri eam rem vendidisse, de cujus dominio id agitur, ne ad emptor transeat, sed hoc aut locatio est, aut aliud genus contractus. Remar que ce texte est de Labéon, antérieur de plus d'un siècle à Celse et de la même école Proculienne.

faciat in aliam contractus speciem transire. Igitur hoc pactum non est nisi praeter naturam regularem ; imo magis convenit, quam disconveniat naturae contractus : per dictam legem 80 §3, D. 18, 1, igitur ommino valet et informat actionem ex empto, l. 6, l. 72 D. 18, 1 ; et tunc adhuc est et manet vera venditio, licet obligatio qua tenetur venditor sit dandi, non ex natura regulari contractus, sed quia ita praecise et determinate actum fuit » (1).

Les modernes n'ont fait en général que développer ces raisons décisives.

« Que le vendeur, dit Accarias (2), ne s'oblige pas absolument à transférer la propriété, j'y consens (3), mais il ne lui est pas défendu de contracter cette obligation ; il suffit pour cela d'un pacte adjoint *in continenti*. Eh bien, ce pacte me paraît exister de la manière la plus évidente lorsque nous concevons notre convention dans ces termes: *Do tibi pecuniam, dabis domum*. C'est comme si l'acheteur avait dit avec plus de développement : j'achète votre maison, mais je n'entends pas me contenter d'une possession paisible, je veux devenir propriétaire immédiatement, et si je m'aperçois que cette qualité vous manquait, je veux avoir le droit de vous poursuivre sans attendre l'éviction. — La bonne foi n'admet pas d'autre interprétation que celle-là, ni par conséquent d'autre doctrine que celle de Paul ».

De même Schlossmann (4) : « Pour réfuter la doctrine généralement répandue, il suffit de demander pourquoi un contrat qui présente tous les caractères de la vente prendrait une toute autre nature, et subirait un affaiblissement de sa sanction légale par le seul fait qu'un élément que l'on prétend essentiel à la vente, l'obligation de procurer la possession durable de la chose, se trouverait renforcé par une convention obligeant à transférer la propriété à l'acheteur. Est-ce qu'un contrat ayant

(1) Dumoulin, *Extricatio labyrinthi, principium*, § 23.

(2) *Contrats innommés*, p. 108.

(3) Ulpien, Fr. 23, § 2, D. De cont. empt. 18, 1 : Qui vendidit necesse non habet fundum emptoris facere, ut cogitur qui fundum stipulanti spopondit ; Julien apud Africanum, Fr. 30, § 1, D. De act. empti, 19, 1 : Venditorem hactenus teneri ut rem emptori habere liceat, non etiam ut ejus faciat ; voyez encore Fr. 1, pr. D. De rer. per. 19, 4, Paul.

(4) *Loc. cit.*, p. 157.

pour but l'échange d'une chose contre de l'argent cesse d'être une *emptio venditio* et tombe dans la catégorie inférieure des contrats innommés, quand le vendeur prend à sa charge les risques de la chose ou convient qu'il ne sera pas tenu à raison des vices? »

Dira-t-on (1) : « Celse ne paraît pas admettre cette clause, probablement en partant de l'idée que les contrats consensuels sont des exceptions au droit commun, des conventions munies par faveur du droit d'action, qui ne peuvent jouir de cette faveur qu'à condition de garder leur type régulier, de l'idée que quand on modifie l'un des éléments essentiels du contrat, il n'y a plus qu'un pacte ordinaire à la place du contrat consensuel ».

Cela serait vrai sans doute d'une modification inconciliable avec la nature du contrat, par exemple, de la clause qui obligerait un dépositaire à payer les intérêts de l'argent déposé entre ses mains. Comme le dit Papinien (2) : « Contra bonam fidem et depositi naturam est usuras ab eo desiderare..... qui beneficium in suscipienda pecunia dedit »... On comprend que dans ces conditions : « depositi actio non teneat » (3).

Mais qui oserait soutenir que la clause de transfert de propriété a jamais pu paraître inconciliable avec la vente romaine et capable de la transformer en un autre contrat, alors que, bien au contraire, c'est précisément la clause inverse, celle de ne pas transférer la propriété, qui serait inconciliable avec la nature de la vente et transformerait l'acte en un autre contrat, vérité proclamée cent ans avant Celse par le fondateur même de l'école Proculienne, Labéon (4); alors que la vente romaine sous sa forme originaire, la mancipation, constituait même un transfert; alors que, quand la chose est *mancipi*, l'acheteur est en droit de ne pas se contenter de la propriété prétorienne que lui a transférée normalement la tradition et d'exiger la mancipation, c'est-à-dire le transfert de la propriété quiritaire, tou-

---

(1) Girard, *Manuel*, p. 549, n. 8.

(2) Fr. 24, D. Depositi, 16, 3.

(3) Sur ce texte et les interpolations auxquelles est due la notion du dépôt irrégulier à intérêt, voyez Naber, *Mnemosynes bib. phil. Batavae*, t. XXXIV, p. 1-6.

(4) Fr. 80, § 3, D. De cont. emptione, 18, 1.

jours dans le cas normal, dans lequel il faut toujours raisonner, celui où le vendeur est propriétaire (1), en un mot, alors que « le vendeur doit faire tout ce qui dépend de lui pour rendre l'acheteur propriétaire » (2) ; alors enfin que le vendeur de la chose d'autrui peut être poursuivi avant toute éviction s'il s'est, de mauvaise foi, présenté comme propriétaire!

Pourquoi insister? N'est-ce pas en vérité enfoncer une porte ouverte que s'efforcer de démontrer que la clause obligeant le vendeur à transférer la propriété n'est pas contraire à la nature de la vente et que, par conséquent, aucun jurisconsulte romain, à moins d'avoir perdu le sens, n'a pu donner la solution imputée à Celso, ni faire le raisonnement qu'on lui prête?

Admettrait-on que l'un de ces fameux Prudents aient pu, par exemple, faire le raisonnement suivant : « Les *justae nuptiae* sont une union essentiellement dissoluble par la volonté même d'un seul des conjoints ; tout pacte contraire est nul (3). Si donc les époux, pour fortifier l'union légale

(1) Gaius, IV, § 131ª ; Paul, Sent. 1, 13ª, § 1 ; Fr. 11, § 2, D. De act. empti, 19, 1 et le Commentaire de Girard, *Manuel*³, p. 518, n. 2, sur ce dernier texte.

(2) Cette obligation découle visiblement de celle de mettre l'acheteur en état de jouir durablement de la chose « rem habere licere » ce que le vendeur promettait soit par simple convention (vente consensuelle) ou par stipulation (avant la vente consensuelle probablement par stipulation, car cette stipulation « rem habere licere » se fait encore parfois à l'époque de Julien, Fr. 11, § 18, D. De act. empt. 19, 1, verbis : sive stipulatio interposita est). Elle ne vient pas précisément de l'obligation de s'abstenir de tout dol, comme on l'a dit (Accarias, *Précis*⁴, II, p. 301, réfuté par Audibert, *Nullité des actes de disposition entre-vifs qui ont pour objet la chose d'autrui,* Thèse, 1877, p. 96 et s. Voyez aussi Girard, *Manuel*³, p. 518), ni de l'obligation « de vacuam possessionem tradere (Girard, *eod.*), car Gaius IV, § 131, oppose précisément l'obligation de manciper l'immeuble vendu à celle de « vacuam possessionem tradere » (Cuq, II, p. 101, n. 8). Remarquons enfin que ce n'est pas seulement dans le cas (normal) où il est propriétaire que le vendeur doit manciper mais, à moins de clause contraire expresse, dans tous les cas, soit qu'il ait laissé supposer qu'il était propriétaire, soit que, voulant se porter fort pour le propriétaire, il ait, en toute loyauté, mis l'acheteur au courant de la situation. C'est même dans ces deux cas que la mancipation, par l'action auctoritatis qu'elle engendre, aura le plus d'utilité. Dans le dernier cas notamment, l'acheteur ne manquera pas de l'exiger.

(3) Const. 2, C. de inutilibus stip. 8. 39 : Libera matrimonia esse antiquitus placuit. Ideoque pacta, ne liceret divertere, non valere et stipulationes

à leurs yeux trop fragile, sont convenus de ne jamais se séparer, il en résulte... qu'il n'y a entre eux aucun lien légal : point de dot, d'inaliénabilité, d'action en restitution; pas d'autre action que la *condictio sine causa!* Pour avoir voulu renforcer les obligations naissant de cette union, ils lui ont enlevé toute sanction légale : la convention d'indissolubilité est une cause de nullité du mariage; elle fait des justes noces un simple concubinat! »

Et cependant, ce raisonnement serait sensiblement moins absurde que celui qu'on prête à Celse, car il est certain que cette convention était considérée par les Romains comme incompatible avec la nature même du mariage, et la clause pénale qui la sanctionnerait comme immorale (1) ; qui oserait en dire autant de la clause de transférer la propriété venant dans la vente renforcer les obligations du vendeur, comme l'autre les obligations des époux? Notamment, il serait évidemment licite de stipuler (contrat verbal) une peine pour le cas de non transfert de la propriété, puisqu'il est permis de stipuler directement ce transfert (rem dari) et qu'alors le promettant est obligé de rendre le stipulant propriétaire (2).

5. — La seule portée pratique de la règle que le vendeur n'est pas tenu de transférer la propriété, c'est que celui qui vend de bonne foi la chose d'autrui ne peut être inquiété par l'acheteur tant que ce dernier n'est pas évincé.

La règle romaine, issue de l'expérience des praticiens rédacteurs des formulaires où le vendeur promettait « rem habere licere emptori » et non pas « rem dari », avait des avantages pratiques que l'on reconnaît généralement et que l'on constate encore mieux par antithèse lorsque l'on considère les difficultés d'interprétation presque inextricables (ou peut compter jusqu'à seize systèmes) auxquelles donne lieu l'art. 1599 du Code civil basé sur une idée opposée (3).

quibus poenae inrogarentur ei qui divortium fecisset, ratas non haberi constat (Alexandre Sévère, 223). ·

(1) Fr. 134, pr. in fine, D. de verb. obl. 45, 1.

(2) Fr. 73, § 10, D. D. V. O. 45, 1. — Fr. 25, §1, D. De cont. empt. 18, 1.

(3) Voyez Audibert, *loco citato.* Les rédacteurs du Code civil les plus notables, Tronchet, Portalis, Grenier, n'avaient d'ailleurs que des idées très confuses et très inexactes sur les dispositions du droit romain qu'ils criti-

« Cette règle, dit Cuq (1) avait de grands avantages : elle facilitait la circulation des biens dans une mesure que ne comportait pas la mancipatio ou l'in jure cessio ; elle rendait le contrat de vente accessible aux pérégrins ; elle permettait de l'employer pour les choses que l'on avait in bonis et pour les fonds provinciaux ; elle dispensait le vendeur de justifier de son droit de propriété, et le mettait, s'il était de bonne foi, à l'abri de toute réclamation pour une éviction possible mais non réalisée ».

Que de chicanes, purement moratoires de la part d'un acheteur embarrassé pour le paiement du prix, sont évitées en effet par cette règle salutaire ? Comme elle est commode aussi quand on veut vendre des biens indivis entre capables et incapables, le capable se portant fort pour ses copropriétaires par le seul fait qu'il vend, et sans avoir à prendre les détours (stipulation de peine) qu'il faut prendre en droit romain quand on veut promettre le fait d'autrui :

C'est ce qui a fait dire à Maynz (2) : « Les dispositions du droit romain qui concernent le contrat de vente sont, dans leur ensemble, moins imparfaites et certes plus conséquentes et plus logiques que celles des meilleures législations modernes », et il est permis de croire que les rédacteurs du Code n'auraient pas songé à les changer sur le point qui nous occupe si, par un phénomène invraisemblable mais certain, ils ne les avaient méconnues et défigurées par la confusion entre le legs et la vente de la chose d'autrui.

6. — Bechmann (3) a tenté de rendre un peu moins choquante, en la transformant, l'interprétation d'Azon. L'action

quaient en cette matière. Confondant le legs avec la vente de la chose d'autrui, ils se figuraient que la vente était valable, pourvu qu'il fût prouvé que le vendeur savait que la chose ne lui appartenait pas!!! Aubbert, *op. cit.*, p. 136.

(1) Cuq, *Les institutions juridiques des Romains*, II, p. 101.

(2) Maynz, *Cours de droit romain*, II, § 297. Observation.

(3) Der Kauf, II, p. 71 et suiv., cité et réfuté par Schlossmann, *loc. cit.*, p. 158 et suiv. Bechmann commence par nier, contrairement à l'évidence, que l'hypothèse de Paul soit la même que celle de Celse : « ut rem accipiam » n'impliquerait pas l'acquisition de la propriété. Pour la réfutation, voyez plus haut.

empti ne serait pas possible si l'on est convenu de transférer la propriété, parce que sa formule qui porte : « quidquid dare facere oportet » ne correspondrait pas au contrat qui alors obligerait à « dare »! Comme si la formule, par la double expression « dare facere » n'avait pas précisément pour but de permettre au juge de prendre en considération, pour la condamnation, toute obligation aussi bien de *dare* que de *facere* dont peut être tenu le défendeur. La même formule : « dare facere » sanctionne l'obligation de l'acheteur, qui lui est, sans conteste, obligé à *dare*.

C'est ainsi que les plus habiles, quand ils touchent à ce malheureux fragment, se mettent à déraisonner. Il n'en pouvait être autrement d'ailleurs, comme on le verra bientôt. Il est donc inutile d'encombrer notre travail d'une dizaine d'interprétations plus subtiles ou plus arbitraires les unes que les autres, que Passeribus(1) énumère et dont nous nous bornons à donner en note un bref résumé(2).

(1) Nicolaus de Passeribus, *Conciliatio cunctarum legum*, Lugduni, 1618, p. 201 et suiv.

(2) Le glossateur Jean Bassien (Johannes) suivi par beaucoup, conciliait Celse avec Paul en admettant que dans la L. 16 l'argent avait été considéré *in specie*, c'est-à-dire comme un corps certain : ces pièces de monnaie-ci, et non pas des pièces quelconques, ce qui aurait transformé la vente en échange. — D'autres supposaient qu'il s'agissait dans notre texte d'argent étranger (*pecuniam peregrinam*) et raisonnaient comme Jean Bassien (Binkershoek, Noodt). — Pour qu'il y ait vente, disait Cerrasius, il faut qu'il soit entendu que l'argent donné constitue un prix, ce qui ne serait pas le cas dans le texte de Celse (mais pourquoi en est-il autrement dans celui de Paul? Mystère!) — Selon Fortunius Garcia, *pecunia* signifierait ici un objet mobilier quelconque, et non pas *pecunia numerata*: voilà pourquoi il y aurait ici un échange et non une vente. — D'après d'autres (que Passeribus, p. 210, n° 28 ne nomme pas) Celse supposerait une affaire entre amis! L'affaire ne doit pas s'appeler vente, ce serait l'indice d'une faible amitié! — Antoine Faber, de qui l'on aurait espéré mieux, dit que dans le cas de Celse il y a bien eu de l'argent donné, mais pas comme prix de vente, parce que ce prix n'est pas en prix convenu; ce qui fait de l'argent un prix, ce n'est pas sa nature, c'est le consentement! Il serait cruel d'insister. — Ripa dit que dans le cas de Celse il n'y a pas équivalence de valeur entre le prix et la chose, c'est pourquoi il n'y a pas vente. — Selon Forcadel, c'est parce qu'il n'y avait pas de consentement, ou que la chose n'était pas à vendre, ou qu'il n'avait pas été fait mention du prix. — Pinellus enseigne que Celse parle des cas douteux, mais que sa décision ne s'applique pas quand les parties ont prononcé le mot de vente ou ont eu l'intention de vendre. — Enfin, selon

L'explication de Brinz présente visiblement un air de famille avec les subtilités scolastiques et divinatoires des systèmes relégués à la note précédente(1).

Dans le cas prévu par Celse, ce que les parties auraient voulu d'après Brinz, ce n'est pas obtenir une prestation en échange d'une autre, mais la première prestation a été affectée d'un *modus*, ce qui donne naissance à un contrat innommé! — Mais d'abord il est arbitraire de supposer cette intention dans l'hypothèse de Celse plutôt que dans celle de Paul, et le jurisconsulte nous aurait alors soigneusement dissimulé l'élément décisif de l'espèce. D'ailleurs cette direction particulière d'intention, intelligible seulement à un juriste exercé, ne se présente que dans les actes à titre gratuit. Cette subtilité ressemble un peu à celle qu'on lit dans une édition du *Corpus juris civilis* de Lyon 1781 (de Tournes) reproduisant celle de Simon van Loeuwen, en note sur notre texte : « Datur hic pecunia *non ut pretium, sed ex mutuo quodam officio* : nam si ut pretium daretur, emptio et venditio esset omnimodo ». Cela fait penser au père de M. Jourdain : de mauvaises langues prétendaient qu'il n'était pas gentilhomme, qu'il avait vendu du drap près de la porte Saint-Denis : pure médisance : « Il en *donnait* à ses amis pour de l'argent »(2).

L'interprétation de Dumoulin (3) n'échappe pas non plus au reproche de subtilité inadmissible. Dumoulin pourtant se piquait d'avoir trouvé le sens véritable et naturel de nos textes : « in quibus veteres et recentiores frustra sudarunt, et varios intellectus male congruentes finxerunt »... Il repousse avec dédain les subtilités de ses prédécesseurs : « omnium glossarum et doctorum intricationes ». Le contrat « do pecuniam ut rem des » doit, dans le doute, être interprété comme une vente et c'est dans ce sens qu'il faut sans scrupule, dit-il, comprendre le frag. de Paul. Mais si les parties : « non incipiant a venditione, nec aliter disponant vendere, vel emere, sed

____

Morla, il y a vente quand les parties consentent à s'obliger, mais non quand on transfère la propriété : « Qui tradit, non manet obligatus, ac propterea non potest esse emptio ».

(1) *Pand.*, II², p. 625, n. 3, cité et réfuté par Schlossmann, *loc. cit.*, p. 155, 156, dont nous résumons la réfutation au texte.

(2) Molière, *Le Bourgeois gentilhomme*, acte IV, scène 5.

(3) *Extricatio labyrinti dividui et individui, principium*, § 22-24.

duntaxat intendant facere hujusmodi conventionem : quod tibi
dem pecuniam, ut mihi Stichum des, hoc est omnimodo des,
meumque facias, nec aliter, nec alio modo pecuniam dare, vel
contrahere velim : quo casu non est emptio et venditio, quia
nec mens nec verba conveniunt, et sic relinquitur conventio
innominata... ». Même s'il y a vente, si l'on est expressément
convenu que la propriété serait transférée, l'acheteur a la *condictio*, si cet engagement n'est pas tenu : « cur non possum emere
sub onere redhibendi, nisi res tua fuerit, et mea precise facta
sit ?... igitur pacisci potest ut venditor teneatur precise dare et
emptoris facere ».

Mais puisque Dumoulin reconnaît (avec raison) la validité
de la clause obligeant le vendeur à transférer la propriété,
comment comprendre que Celse puisse refuser de voir une
vente dans le contrat : « do pecuniam ut rem des ». alors
surtout que cela enlève, selon Celse, toute action en exécution ?
Imaginer que les parties puissent conclure une pareille convention sans avoir l'intention de vendre et d'acheter, est manifestement absurde. Ajouter, comme il le fait, § 23 : il y a contrat innommé lorsque sont réunies les deux conditions sui-
vantes : « primum quod constet partes non tractasse, nec
disposuisse de emendo, vel vendendo, *nec de pecunia tanquam
de pretio;* secundum quod constet praecise et determinate
actum de dando et transferendo dominio certae speciei, et non
alias etiam pro certa pecunia, vel quantitate... », c'est retom-
ber évidemment dans les subtilités et les fictions qu'il reproche
avec raison à ses prédécesseurs, notamment quand il parle de
l'argent que l'on n'a pas considéré comme prix ! Cela fait encore penser au père de M. Jourdain.

7. — Les modernes ont fait quelques efforts, d'ailleurs in-
fructueux, pour expliquer le texte sans imputer à Celse une
absurdité ou une subtilité inadmissible.

A la suite de tant de maitres, nous nous sommes enlizés
aussi dans la fondrière de la loi 16 (1). Du moins comme
Decius (2), Dumoulin, comme récemment Schlossmann (3),

(1) *Histoire de la propriété prétorienne*, t. I, p. 197, n. 16.

(2) Decius (Philippe de Dexio) sur la loi 2, D. Si certum petatur, cité par
N. de Passeribus, *op. cit.*, p. 207, n° 16.

(3) *Op. cit.*, p. 157 et suiv.

nous n'avons pu nous résigner à croire cette absurdité, que
Celse aurait considéré la clause obligeant le vendeur à transférer la propriété comme une cause de nullité de la vente!

Rencontrant incidemment le texte de Celse, nous avons
essayé de l'expliquer en admettant qu'il prévoyait successive-
ment deux hypothèses : 1° Depuis le début jusqu'à *Finge...* :
« Pourquoi le jurisconsulte ne voit-il pas une vente dans le
fait, par le propriétaire d'un esclave, de recevoir de l'argent
qui lui est donné « ut Stichum daret »? Parce qu'il n'est pas
absolument certain que ce fait implique chez le propriétaire
l'intention de vendre sa chose pour le prix offert, peut-être se
réserve-t-il le temps de la réflexion; en attendant, il encaisse,
sauf à rendre. On décida plus tard (allusion au texte de Paul)
qu'il y avait vente. » — Réfutation : il est arbitraire et invraisemblable de supposer que les parties ne se sont pas mises
d'accord préalablement au versement de l'argent (1). En omet-
tant de nous signaler cette absence de consentement, le jurisconsulte nous aurait soigneusement dissimulé la base essen-
tielle de sa décision. Cette explication présente donc le même
vice que les autres (sauf celle d'Azon qui est absurde); elle
introduit dans le texte des éléments étrangers, pour arriver à
créer, entre Celse et Paul, une différence d'hypothèse. —
2° Deuxième partie du texte : « Finge alienum esse Stichum,
sed te tamen eum tradidisse.... » Obligés d'admettre ici le consentement, puisqu'il y a exécution de part et d'autre, nous
ajoutions : « *Quid* si le propriétaire consent et livre, y aura-t-il
alors une vente ordinaire? Non, car la suite du texte prouve
qu'il est obligé de transférer la propriété, ce à quoi le vendeur de bonne foi n'est pas tenu. Ainsi Celse voit dans l'hypothèse qu'il présente quelque chose de plus qu'une vente, parce
qu'il y a obligation de transférer la propriété »... Ici nous n'avons
pas seulement prêté au texte, nous en avons pris le contre-
pied. La convention en question est, pour Celse, non pas quelque chose de plus, mais quelque chose de moins qu'une vente,
puisqu'il n'en nait aucune obligation, bien loin qu'il y ait
obligation de transférer la propriété. Cette explication est donc
aussi insoutenable que les autres.

(1) Schlossmann, *op. cit.*, p. 153-151.

Schlossmann (1) n'a pas été plus heureux ; il ne présente d'ailleurs sa théorie que comme une hypothèse, en dehors de laquelle il se déclare impuissant à expliquer la décision de Celse et son antinomie avec celle de Paul.

Selon lui, entre la mancipation et la vente consensuelle, a dû se placer une phase intermédiaire où ce contrat exigeait encore un élément formel disparu au temps de Paul, la nécessité d'une interrogation et d'une réponse : « Fundus ille est-ne mihi emptus ? Est ». Cette forme se rencontre fréquemment (2). Par conséquent, on peut supposer qu'au temps de Celse, la vente ne s'était pas encore complètement affranchie de « cette forme verbale, de sorte qu'il s'élevait encore des doutes sur la question de savoir si à la convention d'échanger une chose *mancipi* contre de l'argent, convention sans forme et ayant en vue, non pas la création d'une obligation pour l'avenir, mais l'accomplissement immédiat d'une mancipation, pouvait être considérée comme un contrat obligatoire, comme une espèce de vente ».

Mais cette hypothèse est inadmissible. D'abord qu'importe que la convention doive être exécutée immédiatement ? Faut-il pour ce motif exiger plus de formalités que si la mancipation devait avoir lieu un peu plus tard ? N'oublions pas que l'acheteur a droit d'exiger qu'on lui mancipe (3). Peut-on croire qu'au temps de Celse l'achat d'une *res mancipi* ne pût se faire entre absents par suite de l'impossibilité des paroles consacrées ? Schlossmann lui-même ne l'admettrait sans doute pas. — Celse fut consul pour la seconde fois en 129. Une trentaine d'années plus tard Gaius (4) écrivait que la vente se forme par le seul consentement : « nulla verborum proprietas desideratur ». Il semble, à la manière dont il s'exprime, que ce principe remonte à une époque immémoriale. Pour lui, par exemple, un autre contrat consensuel, celui de mandat, se perd dans la nuit des temps, puisqu'il se figure que l'action de mandat existait lors

<hr>

(1) *Loc. cit.*, p. 190-193.

(2) Notamment dans Plaute. Schlossmann renvoie aux textes cités par Voigt, *Jus naturale*, III, p. 191, n. 211-216 et *Roem. Rechtsgeschichte*, I, p. 615 et suiv.; Pernice, *Labeo*, I, p. 433 et n. 16.

(3) Gaius, III, § 126ª.

(4) Gaius, III, § 135.

de la loi Aquilia, qu'il ne peut ignorer être ancienne (1). Au surplus, personne ne doute que la vente ne fût parfaitement consensuelle avant l'Empire, deux siècles au moins avant Celse.

Enfin l'hypothèse de Schlossmann présente encore le vice commun à presque tous les systèmes : elle implique que Celse a soigneusement passé sous silence le fait qui fonderait sa décision : l'absence de la formalité requise.

Il existe enfin un dernier système, celui de H. Witte (2). Malheureusement, d'après Schlossmann, il se défend contre la curiosité du lecteur par une impénétrable obscurité, et il y aurait présomption de la part d'un étranger à essayer de comprendre un auteur qui reste inintelligible pour ses compatriotes.

Nous nous bornons donc à signaler pour mémoire l'existence de cette *dix-septième tentative* faite pour échapper à l'absurdité du système d'Azon, pour éviter d'admettre que Celse ait pu considérer comme annulant la vente la clause obligeant le vendeur à transférer la propriété. C'est là l'excuse de ces subtilités invraisemblables auxquelles se sont laissé entraîner les jurisconsultes les plus glorieux comme les plus obscurs, pour aboutir, les uns et les autres, à un lamentable échec.

8. — Cependant la doctrine d'Azon est toujours restée dominante, non pas parce que c'est la plus absurde, mais parce que seule elle n'ajoute au texte aucune donnée arbitraire. En effet le contrat visé par Celse ne se distingue du type le plus usuel de la vente que par deux points : 1° le prix est payé d'avance; mais c'était là une clause très usitée à Rome dans les ventes aux enchères (3) et nul ne s'est avisé d'y voir une cause de nullité (!) du contrat; 2° le vendeur promettait de transférer la propriété.

On était donc réduit à voir dans cet engagement le fait qui empêchait le contrat d'être une vente, ou même de pouvoir par analogie (4) être assimilé à une vente !

(1) Gaius, III, § 216.

(2) *Bereicherungsklagen*, p. 106, cité par Schlossmann, *op. cit.*, p. 155, n. 1. Voyez aussi eodem, p. 13 ligne 15.

(3) Gaius, IV, § 126 a.

(4) Proportio = ἀναλογία.

Cette interprétation, encore généralement admise, non seulement fausse la théorie de la vente romaine, mais encore constituerait, si elle était vraie, un formidable acte d'accusation contre le droit romain et cet « esprit juridique » dont il fut le créateur.

Le principe que le vendeur romain n'est pas précisément obligé de transférer la propriété, au lieu de nous apparaître comme l'une de ces règles très sages, dues au sens pratique des anciens Prudents qui rédigèrent les formulaires, prend l'aspect de je ne sais quelle subtilité contre nature. Il ressemble à ces réponses stupéfiantes que font parfois de mauvais étudiants, persuadés qu'une solution est d'autant plus juridique qu'elle s'écarte davantage du sens commun. Et n'est-on pas tenté de les excuser, quand on voit — phénomène heureusement bien rare — l'extravagante solution de la loi 16 approuvée dans les livres destinés à l'enseignement(1).

§ 2. — La solution nécessaire.

SOMMAIRE

1. L'insuccès de toutes les tentatives d'explication démontre que Celse n'a pu émettre cette opinion absurde. Si par impossible il l'avait fait, les compilateurs n'auraient pas reproduit cette décision, plus choquante encore pour eux que pour nous. — 2. D'ailleurs les conséquences que Celse tire de sa décision sont incompatibles avec l'idée que la chose donnée pour obtenir Stichus serait de l'argent. — 3. Le texte est altéré par une faute de copiste, la fausse interprétation d'une abréviation. Dangers de ces erreurs; leur abondance et leur importance dans nos sources; vaines précautions des Empereurs; extraordinaire impéritie des Byzantins dans l'interprétation de ces *notæ juris*, constatée par Cujas. — 4. Le copiste, poussé par un singulier concours de circonstances, a pris pour l'abréviation par contraction du mot « *pecuniam* » la graphie « *pam* », qui formait en réalité l'abréviation usuelle par suspension (les trois premières lettres) d'un nom bien connu. — 5. Commentaire du texte ainsi restitué. Il se réfère à une controverse célèbre entre Celse et Ariston, dont l'opinion n'a probablement triomphé que sous Justinien. — 6. Suite du commentaire : pour éviter la répétition de ce que vous avez reçu « ut Stichum dares » vous devez faire exactement ce que vous auriez été obligé de faire si vous aviez promis Stichus par stipulation. Celse déduit, avec une impeccable logique, les conséquences de cette idée, et le texte ne contient pas d'autre interpolation que celle de « *tradidisse* » pour « *mancipasse* ». — 7. Conclusion.

1. Les dix-sept tentatives faites pour interpréter autrement le

(1) Voyez plus loin, p. 758, n. 1.

texte de Celse ayant lamentablement échoué, nous voilà donc acculés à l'explication d'Azon. Or, malgré une accoutumance huit fois séculaire, malgré les euphémismes (1), dont le respect filial des romanistes pour leurs ancêtres, les Prudents, a tâché d'en voiler l'absurdité, cette absurdité éclate, et grandit à mesure qu'on regarde les choses de plus près.

Prenons le cas normal, celui d'ailleurs que Celse prévoit expressément à la fin du texte : vous êtes propriétaire de l'esclave Stichus et je vous donne de l'argent pour que vous m'en transfériez la propriété; vous acceptez : il n'y a rien de fait! La vente est nulle et vous n'êtes tenu à rien : j'ai eu le tort impardonnable de dire tout haut ce que tout acheteur pense : « j'entends acquérir la propriété de l'objet que j'achète ». Il est défendu, à peine de nullité de l'acte, de convenir d'une pareille chose ! (Il est aussi défendu de convenir du contraire(2), ce qui est cette fois bien naturel). Décidément ce texte est une vraie mine d'absurdités.

Si Celse, dans un accès de démence, avait écrit ce que nous lisons au Digeste, quelle belle revanche il aurait fournie à ce pauvre Domitius Labeo, qu'il traita un jour si brutalement en lui répondant :

« Non intellego quid sit de quo me consulueris, aut valide stulta est consultatio tua : plus enim quam ridiculum est dubitare, an aliquis jure testis adhibitus sit, quoniam idem et tabulas testamenti scripserit(3) ».

Le client ainsi malmené aurait pu rendre la pareille au jurisconsulte en lui écrivant :

« Non intellego quid sit de quo scripseris libro octavo Digestorum, aut valide stulta est opinio tua : plus enim quam ridiculum est dubitare an emptio contracta sit, cum dedi tibi pecuniam ut mihi Stichum dares. Itaque acutae jurisconsultorum ineptiae! ut ait Annacus noster(4) ».

(1) Accarias, trouve l'opinion de Paul « plus rationnelle » (*Contrats innommés*, p. 108; *Précis*, II, p. 405, n. 3. — Cuq, II, p. 404, n. 7, voit dans celle de Celse : « une logique trop subtile ». De même Windscheid, cité plus haut, p. 713, n. 1.

(2) Labéon, fr. 80, § 3. D. De cont. empt., 18, 1.

(3) Fr. 27. D. *Qui test. facere*, 28, 1.

(4) Sénèque, *de beneficiis*, VI, 5. — L'opinion de Celse est encore bien

Non! chez Celse les rouages du raisonnement, subitement détraqués, ne se sont pas mis à tourner à l'envers : dans le fait de donner de l'argent pour obtenir la propriété d'une chose, il n'a pu refuser de voir un contrat assimilable à une vente! Nous sommes en présence d'une véritable impossibilité morale.

Et sur cette première impossibilité morale vient s'en greffer une autre :

Prenons y garde, la solution de la L. 16 devait choquer les compilateurs autant qu'elle nous choque, ou plutôt bien davantage. Depuis huit siècles qu'on cherche à l'expliquer, nous nous sommes accoutumés à cette idée; l'habitude, l'autorité de tant de maîtres, qui ont commenté sérieusement cette ineptie, ont émoussé les révoltes de notre raison (1). Enfin elle fait partie du Digeste; nous ne sommes pas libres de la laisser de côté. Les compilateurs au contraire n'étaient pas forcés de la reproduire, eux qui nous ont transmis à peine la trentième partie de l'œuvre de Celse. Comment comprendre qu'entre tant d'autres décisions, sans doute fort sages, de ce grand jurisconsulte, ils en aient négligé une telle quantité, pour aller cueillir cette doctrine extravagante et l'insérer dans les Pandectes, comme une précieuse relique de la sagesse antique? Il ne s'agit pas ici d'une phrase noyée dans un long texte où elle aurait pu passer inaperçue de leur attention fatiguée : le fragment ne contient que la décision que l'on sait et ses conséquences logiques; leur attention a été attirée d'une façon toute

plus ridicule, puisqu'il n'admet même pas que le contrat en question puisse être *assimilé* à un achat.

(1) A ce point que dans un livre destiné à l'enseignement on peut lire : « Que décider si je vous remets une somme d'argent afin de vous obliger à me transférer la propriété d'une certaine chose? Cette somme d'argent peut-elle être considérée comme un *pretium* et cette chose comme une *merx*; en d'autres termes, y a-t-il là une vente? Paul admet l'affirmative, mais Celsus, *plus justement à mon avis*, décide que cette convention se résume en un échange (*Explication méthodique des Instilutes*, Paris, Durand et Pedone, 1880, sans nom d'auteur dans le titre, II, p. 433). Gradenwitz, lui-même (*Interpolationen*, p. 132) s'est laissé aller à dire, sur l'autorité de Brinz (Pandect., 1re édition, p. 408) « Cette décision (celle de Pau   est tonnante au point de vue théorique, on ne saurait la nier ». Ce qui est prodigieux, c'est cette complète inversion du bon sens : trouver étrange de voir une vente dans l'acte, en question! Cette idée extravagante a été supprimée par Brinz dans sa 2' édition, II, p. 623, n. 3; je n'ai pu vérifier la première édition.

spéciale sur ce texte, puisque les modernes y voient deux ou trois interpolations(1) et qu'il y en a sûrement une (2) ; la décision, s'ils l'avaient lue comme nous la lisons, n'aurait pu leur paraître qu'absurde, et dès lors ils l'auraient assurément laissée là où elle était, puisque rien ne les forçait à l'accueillir. Croire le contraire serait leur attribuer une sorte de goût dépravé pour les solutions qui bravent le sens commun. Nous ne sommes pas suspects d'une estime excessive pour leur capacité(3), mais il y a limite à tout.

La conclusion s'impose : Celse n'a pas écrit, le compilateur n'a pas lu le texte comme nous le lisons aujourd'hui : *la chose donnée pour obtenir Stichus n'était pas de l'argent.*

2. — Une raison nouvelle vient ici corroborer les raisons découlant du simple sens commun.

Les conséquences que Celse tire de sa surprenante décision sont inconciliables avec l'idée que l'objet donné pour avoir Stichus soit une somme d'argent : *pecuniam.* De là d'inextricables difficultés, dont les auteurs ont vainement cherché à sortir à force d'interpolations supposées, mais inadmissibles, comme un instant de réflexion va le montrer :

En effet, après avoir décidé qu'il n'y avait dans le cas par lui prévu d'autre obligation que celle de rendre ce que vous avez reçu « ut mihi Stichum dares » et tiré de là une première conséquence relative aux risques, Celse ajoute :

« Finge alienum esse Stichum, sed te tamen eum *tradidisse.* repetere a te pecuniam potero, quia hominem accipentis non feceris ».

Or cette première conséquence tirée par Celse est inadmissible, si je vous ai donné *de l'argent.*

En effet, *tradidisse* a été évidemment mis ici par les compilateurs pour *mancipasse* (1). Car lorsqu'on est convenu de *dare* une *res mancipi,* on doit la manciper, puisque l'on doit le faire même quand on l'a simplement vendue, et par suite promis

(1) Lenel, Pal., Celsus, 73 ; Schlossmann, *loc. cit.,* p. 189.
(2) Celse avait écrit *mancipasse,* et non *tradidisse.*
(3) *Histoire de la compensation,* p. 21 et s.
(4) *Sic* Lenel, Pal, I, p. 140, n. 1.

seulement : « rem habere licere ». Mais si cette mancipation a eu lieu *pour de l'argent*, il en résultera nécessairement l'action *auctoritatis* au profit de l'acquéreur. En effet, dans la mancipation d'un esclave, l'acquéreur doit dire : « isque mihi emptus est... » en indiquant ici le prix (*pretio*, dit Paul, Frag. Vat. § 50) (1) ; naturellement il ne manquera pas d'indiquer ici l'argent qu'il a versé (2), et dans l'acte dressé pour constater la mancipation on dira, bien entendu, que cette mancipation a été faite « *denariis sexcentis* », par exemple. Mais cela créera incontestablement au profit de l'acquéreur une action *auctoritatis* pour le double de cette somme, en cas d'éviction. Pratiquement, dans presque tous les cas, c'est l'éviction seule qui montrera que l'aliénateur n'était pas propriétaire. Mais alors, pour ce cas, qui est le cas normal, Celse aurait dit une chose fausse en affirmant que le seul droit pour l'acquéreur serait de réclamer la restitution de son argent. Et triplement fausse, car : 1° il n'aurait point du tout de *condictio;* 2° il aurait l'action *auctoritatis* pour le double du prix mentionné dans la mancipation ; 3° enfin comment Celse pourrait-il ne pas voir une vente dans une mancipation — qui est la vieille vente romaine, — faite pour de l'argent préalablement reçu (3) ?

C'est ce que Schlossmann a parfaitement compris ; aussi ne veut-il pas admettre l'interpolation de « tradidisse » pour « mancipasse », ce qui l'oblige à bouleverser le texte en y supposant trois autres interpolations, pour aboutir à un système inadmissible (4).

---

(1) Voy. Girard, *Manuel³*, p. 281, n. 2 (4ᵉ éd., p. 285, n. 1).

(2) Notons en passant : comment Celse pourrait-il en pareille circonstance refuser à l'acte le caractère d'une vente? On se heurte à chaque instant à des impossibilités.

(3) Au contraire les solutions du texte deviennent parfaitement justes si l'objet donné pour obtenir Stichus n'était pas de l'argent, car alors la mancipation de cet esclave ne constituant pas une vente réelle se fera *nummo uno;* dès lors point d'action *auctoritatis*. Voy. le formulaire de fiducie. Girard, *Textes*, p. 786, et *Manuel*⁴, p. 533, n. 3, *in fine*.

(4) Schlossmann (*op. cit.*, p. 186) a très bien vu que l'idée d'une mancipation était inconciliable avec la donnée (dation d'une somme d'argent) mais comme la pensée d'une altération du texte ne lui est pas venue, pas plus qu'à ses prédécesseurs, cela l'a conduit logiquement à repousser toute idée de mancipation, à rejeter l'interpolation, si naturelle pourtant, de « tradi-

Lenel n'a pas prévu cette objection lorsqu'il a admis l'interpolation de « tradidisse » pour « mancipasse » (1). L'interpolation parait sûre, en effet, mais « mancipasse » ne se concilie pas avec la donnée : « dedi tibi pecuniam ». Donc la donnée est fausse!

La dernière solution du texte est également inconciliable avec cette donnée, et cette fois Lenel l'a bien vu : s'il y a mancipation pour de l'argent reçu, à quoi bon exiger la stipulation de garantie prévue par la fin du texte, puisqu'on aura l'action *auctoritatis* qui aboutit au même résultat? (2). Aussi Lenel imagine-t-il que ce passage a été l'objet d'une interpolation. A la place de : « et pro evictione ejus promit-

disse » pour « mancipasse » et, pour une interpolation qu'il économise de la sorte, à en admettre trois. En effet, il restitue le texte ainsi :

« Finge alienum esse Stichum, sed te *tantum* (au lieu de *tamen*) eum tradidisse, repetere a te pecuniam potero, quia hominem *non mancipareris* (au lieu de *accipientis non feceris*) et rursus si tuus est Stichus et *mancipare eum* (au lieu de *pro evictione ejus promittere*) non vis non liberaberis quominus a te pecuniam repetere possim ».

Nous empruntons à Erman (ZSs. XXV. p. 167), sa réfutation topique de ce système : « Cette restitution, dit-il, est vraiment parfaite... si parfaite qu'il est impossible que ce soit là le texte de Celse! D'abord il serait assez étonnant que Celse eût pris la peine de nous dire : « si l'on m'a donné de l'argent pour que je mancipe Stichus, et que je ne le mancipe pas, on peut me réclamer cet argent *ob causam non secutam* ». C'est un peu trop évident. Mais en outre, suivant Schlossmann, Celse aurait distingué selon le motif pour lequel je ne mancipe pas, si c'est impossibilité ou mauvaise volonté, distinction présentée avec une sorte d'emphase : « finge alienum esse »... « et rursus si tuus est » pour aboutir à donner exactement la même solution pour les deux cas, en un mot à déclarer parfaitement oiseuse la distinction présentée avec tant de relief!! En outre, avec la leçon de Schlossmann, le mot « sed » (finge alienum esse Stichum sed te cum *tantum* tradidisse) n'a plus aucun sens, car si je ne suis pas propriétaire, c'est une raison pour préférer ne pas faire la mancipation (qui m'expose d'ailleurs à l'action auctoritatis comme nous l'avons vu) il faudrait donc, dans le système de Schlossmann : et *ideo.. tantum* tradidisse » et non pas « sed » : c'est une conséquence logique et non une opposition ».

(1) Lenel, Pal.. I, p. 110, n. 1.

(2) Girard, *Manuel*⁴, p. 553, note 3, *in fine*, dit, à propos du créancier fiduciaire qui a vendu le gage pour un prix réel : « s'il mancipait et que le véritable prix fût indiqué dans la mancipation, il devrait par là même le double de ce prix en cas d'éviction ».

tere non vis » il affirme que Celse avait écrit « et mancipare eum non vis » (1).

Mais en premier lieu Celse n'a pu écrire : « mancipare eum non vis » pour les raisons déduites par Erman (2).

En second lieu, si, par impossible Celse avait écrit : « et mancipare eum non vis », les compilateurs auraient tout simplement mis « tradere » à la place de « mancipare ». *Pour Celse*, la solution aurait été un peu trop évidente, il est vrai (3) mais pour les compilateurs c'eût été très acceptable. Peut-on croire qu'au lieu de ce changement si simple et qu'ils ont l'habitude d'opérer presque mécaniquement, ils se soient jetés dans des complications du raisonnement suivant : « Vous deviez non seulement livrer Stichus, mais encore le manciper ». L'absence de mancipation aurait eu pour l'ancien droit deux inconvénients : d'abord la non-transmission de la propriété quiritaire : cet inconvénient a disparu de notre temps, puisqu'il n'y a plus de propriété quiritaire ; en second lieu, l'absence d'action *auctoritatis* : cet inconvénient-là subsiste ; nous allons y remédier en interpolant dans le texte, à la place de « et mancipare eum non vis » les mots : « et pro evictione ejus promittere non vis » ?

Pour admettre que le compilateur se soit livré à ce travail, il faudrait lui supposer la logique d'un Prudent, une connaissance sérieuse du droit ancien, enfin le temps de la réflexion. Cette dernière condition, tout au moins, faisait défaut aux commissaires de Justinien.

Résumons-nous :

Premièrement Celse n'a pu enseigner que donner de l'argent pour avoir la propriété d'une chose n'était ni un achat ni un acte assimilable à un achat ; si par impossible il l'avait fait, le compilateur n'aurait pas été choisir entre vingt décisions judicieuses de ce grand Prudent cette doctrine grotesque.

Secondement les conséquences (1) tirées par Celse de sa décision initiale pour le cas où, Stichus étant à autrui, vous me

----

(1) Lenel, *eodem*, p. 110, n. 2. De même Pernice Labeo. III. p. 303, n. 3 « *mancipio eum dare non vis* ».

(2) Voyez la note 1 *in fine* de la page 760.

(3) Voyez cette même note.

(4) Depuis *Finge...*

l'avez pourtant livré (mancipé), son inconciliables avec l'idée
que la chose donnée : « ut mihi Stichum dares » était de l'argent, car alors la mancipation aurait donné naissance à l'action *auctoritatis*, il y aurait eu une obligation autre que celle de
rendre l'argent reçu et l'*accipiens* n'aurait pas eu à promettre
une garantie dont il aurait été déjà tenu.

3. — Pour échapper à ces contradictions, les modernes
ont supposé dans le texte des interpolations dont le nombre
et la nature varient avec chaque auteur; ils ne s'accordent
que pour le trouver inacceptable tel qu'on le lit au Digeste.

En cela ils ont bien raison : le texte est altéré, non pas dans
ses solutions, mais dans sa donnée même.

Dès qu'on a fait cet acte, non de foi, mais de raison, qui
consiste à croire que Celse n'était pas atteint de démence, ni
le compilateur d'imbécillité, on en est immédiatement récom-
pensé. En quelques minutes, le problème se résout de lui-
même : la nature de la faute, le mot sur lequel elle a porté, le
moment où elle a été commise, tout cela se présente à l'esprit
avec la clarté de l'évidence, et le vocable que Celse avait réellement écrit vient se placer sous la plume de quiconque est
un peu familiarisé avec la critique des textes et les habitudes
de la casuistique romaine.

Il s'agit d'une de ces erreurs de copiste dont le Digeste four-
mille (1).

Elle a été commise par le scribe qui a recopié, pour former
l'exemplaire original du Digeste, les fragments choisis par les
compilateurs.

La faute a porté sur le mot « *pecuniam* ».

Mais ici on va nous arrêter : « Le mot *pecuniam*, dira-t-on,
est répété trois fois dans le texte : quelle apparence que le
copiste se soit trompé trois fois, juste sur le même mot et de la
même façon? » (2)

Mais, bien loin de rendre l'idée invraisemblable, c'est précisément cette triple répétition de l'erreur qui en montre la

____

(1) Innumerabilia librariorum menda (Lenel, *Palingenesia*, praefatio, viii).

(2) C'est peut-être un vague sentiment de cette invraisemblance apparente
qui a empêché de chercher de ce côté la solution du problème. — L'invraisemblance fait place à l'évidence dès qu'on examine la question de près.

justesse, parce qu'elle nous révèle du même coup et la nature
de la faute et le mot auquel s'est substitué cet absurde « pecuniam ».

Ce mot était un de ces vocables si usités par les juristes
qu'on devait souvent l'écrire en abrégé, d'autant plus qu'il
était long et sujet à revenir plusieurs fois dans le même fragment. Justement, notre texte le répétait trois fois. Le scribe
byzantin ayant une première fois interprété l'abréviation par
le mot *pecuniam*, lui a tout naturellement donné les deux
autres fois la même traduction erronée. Il n'en pouvait être
autrement!

Il nous faut ouvrir ici une petite parenthèse sur ce genre de
faute. Cela est nécessaire pour l'intelligence de ce qui va suivre. On sait que la fausse interprétation des *sigles* ou autres
abréviations a introduit des erreurs dans nos sources. Mais
quand on n'a pas eu l'occasion de s'occuper spécialement de
cette question, on est loin de se douter du nombre de ces erreurs, de leur importance, qui va souvent jusqu'à fausser
complètement le sens d'un texte ou à le rendre inintelligible,
et de l'extraordinaire impéritie dont les Byzantins ont fait
preuve en cette matière.

Les abréviations! particulièrement les abréviations juridiques, les *notae juris*, voilà, au Moyen âge comme dans l'antiquité, une source intarissable d'erreurs désastreuses. Écoutons
un paléographe des plus compétents :

« Elles ont exposé, dit Chassant (1) et exposent chaque jour
des savants à commettre des méprises grossières... Les plus
habiles dans cette matière déclarent que rien n'est plus difficile
ni plus scabreux.... Le bénédictin Montfaucon, si profondément
versé dans les difficultés de la paléographie grecque et latine,
dit au sujet des abréviations : « Sunt autem quaedam (abrevia-
tiones) ita perplexe descriptae, ut non tironibus modo, sed
etiam *peritis* negotium facessant, occasioque lapsus sint. Imo
etiam vel *in obriis* abreviationibus *peritissimos interdum viros
errasse comperimus*... Sin autem in abreviationibus et notis

___

(1) L.-Alph. Chassant. *Dictionnaire des abréviations*, Paris, 1866, p. ii,
n. 1.

hujusmodi tritis et obviis *tot tantosque doctorum hominum lapsus* deprehendimus, quot putes in aliis difficilioribus accidisse? (*Paleog. graeca*, p. 342-313) ».

L'antiquité tenait le même langage. Isidore de Séville (Orig. I, 23,2) après nous avoir indiqué quelques-uns des sigles usités dans les livres de droit, ajoute : « Has juris notas novicii imperatores a codicibus legum abolendas sanxerunt, quia multos per has callidi ingenio ignorantes decipiebant, atque ita jusserunt scribendas in legibus litteras, ut nullos errores, nullas ambages afferant... ».

Les abréviations ! On peut dire qu'elles furent le cauchemar des empereurs qui, depuis Théodose II jusqu'à Basile le Macédonien (1), codifièrent le droit romain. Le Sénat par des acclamations multipliées réclame que le Code Théodosien soit en entier écrit en lettres ordinaires, sans aucune abréviation (2). Cette prohibition des abréviations, Justinien la répète dans quatre constitutions successives (3), en des termes de plus en plus énergiques : dans les copies qui seront faites de ses compilations, il ne permet pas qu'il se glisse une seule abréviation : tout, jusqu'aux numéros des livres des jurisconsultes cités au Digeste, doit être écrit en toutes lettres. Un manuscrit contenant une seule abréviation perd toute valeur en justice ; défense d'en rien citer ; enfin, en cas d'infraction, le copiste coupable est condamné comme faussaire (aux travaux forcés ou tout au moins à la relégation !)

Il justifie ces dispositions draconiennes par les pièges (*captiones*) que tend au lecteur l'obscurité énigmatique des abréviations (*obscuritates, compendiosa aenigmata*) ; il les accuse d'avoir créé de nombreuses antinomies (*multas antinomias*).

(1) Chassant, *op. cit.*, p. 12, note 1, dit : « En 863 l'empereur Basile fit défense d'employer dans le même cas ce genre d'abréviation ». — Voyez aussi Zachariæ de Lingenthal, *Jus Græco-romanum*, Pars III, 1857, p. 63, note 1, in fine, β'.

(2) Haenel, *Code Théod.*, p. 86, ' procès-verbal de la réception du Code Théodosien au Sénat de Rome : « Ne constituta interpolentur, omnes codices litteris conscribantur (dictum, XVIII !!) — Huic codici ... notæ juris non adscribantur (dictum XII!!) ».

(3) Constitutions : *Deo auctore*, § 13 ; *Omnem reipublicæ*, § 8 ; *Tanta circa*, § 22 ; *Cordi nobis (de emendatione Codicis)* § 5.

C'est précisément ici le cas : une abréviation mal comprise a créé une antinomie entre notre texte et celui de Paul : « Et si quidem pecuniam dem ut rem accipiam, emptio et venditio est ». D. *Praescriptis verbis*, 19, 5, Fr. 5, § 1.

Vaines précautions ! Justinien pouvait bien bannir les abréviations pour l'avenir, mais il ne pouvait donner à ses scribes, plus accoutumés sans doute aux abréviations grecques qu'ils ne l'étaient aux latines, la compétence nécessaire pour résoudre ces captieuses enigmes où, comme nous l'avons vu, les plus habiles se laissent prendre. Le résultat fut lamentable, et Cujas, qui à lui seul a fait plus que tous les autres pour la découverte de ces erreurs de copiste (1), constate qu'elles sont très nombreuses (2) et proclame que dans la plupart des cas l'interprétation byzantine des abréviations contenues dans les manuscrits compilés est une œuvre de visionnaire, le produit d'une *hallucination* (3).

Ces erreurs d'interprétation des abréviations juridiques sont très nombreuses, en effet : bien qu'on en connaisse déjà une centaine au Digeste, on est loin sans doute de les avoir toutes découvertes (4). Récemment P. Krueger en a signalé une qui fournit enfin une explication satisfaisante d'un texte embarrassant : dans le fr. 29, § 1, D. De statulib. 40, 7, au lieu de : *de his bonis* il faudrait lire : *de heredis bonis*, les Byzantins n'ont pas compris que *his* était l'abréviation de *heredis* (5).

L'impéritie des Byzantins dans l'interprétation des abréviations est vraiment extraordinaire : ils ont épuisé toutes les manières de se tromper :

Tantôt, comme dans le cas découvert par Krueger, ils ne s'aperçoivent pas qu'ils sont en présence d'une abréviation : ils

---

(1) Mommsen, *Digesta*, préface, p. LXXVIII : « Nescio quomodo digestorum emendatio plus quam credas jacuit post Cujacium, in hac quidem re non tam maximum quam unum scientiæ nostræ lumen »

(2) Cujas, Obs. IV, 31 : « Multos errores in libros juris civilis attulit vetus per notas scribendi ratio ».

(3) Cujas, Obs. I, 22 : « Nam etsi in eis notis explanandis diligentiam Tribonianus posuerit, valde tamen in plerisque *hallucinatus est* ».

(4) En prenant les 100 premières et les 100 dernières pages du 1ᵉʳ volume de la grande édition de Mommsen et Krueger, on trouve 12 fautes d'abréviation, ce qui en donnerait proportionnellement 112 pour la totalité du Digeste.

(5) *Zeitschrift der Savignystiftung*, R. A. XXIV, p. 183 et s.

lisent « his » au lieu de « heredis (1) », « prius » au lieu de
« populi romani jus » (2) ; « eo », qui n'a pas de sens dans le
texte, au lieu de « extra ordinem » (3).

Tantôt au contraire, craignant d'encourir les peines édictées
par Justinien, s'ils laissent échapper des abréviations, ils en
voient là où il n'y en a pas et prennent le chiffre *ui* (= sex)
pour l'abréviation par suspension du mot *rigenti*, ce qui fait
dire à Pomponius une énormité (4).

Tantôt enfin, et c'est le cas le plus fréquent, ils traduisent
mal une abréviation réelle ; ils s'y trompent même quand le
sens est le plus obvie, même quand leur interprétation n'en a
aucun (5), on aboutit à une absurdité (6).

Nous pourrions multiplier les exemples et n'aurions que
l'embarras du choix, dans le Digeste et ailleurs (7).

(1) Fr. 29, § 1, D. De statuliberis, 40, 7 ; P. Krueger, *ZSs.*, R. A., p. 193
et s.

(2) Fr. 1, D. De origine juris, 1, 2.

(3) Fr. 3, D. De pollicitationibus, 50, 12. — V. Goudsmit, *Cours de Pand.*,
trad. de Jul. Vuylsteke, p. 23.

(4) Fr. 2, § 23, D. De origine juris, 1, 2. « Une énormité »… à savoir que
les tribuns militaires *consulari potestate* étaient habituellement au nombre de
vingt (!) et quelquefois davantage (!!!). Nous savons qu'ils étaient habituellement six. Voy., Liv. III, 11 et s. Denys, X, 50 et s.

De même, là où le jurisconsulte avait écrit « as » (la totalité de la succes-
sion) les compilateurs ou leurs scribes voient des sigles et les traduisent par
« alter semis » (l'autre moitié (!), ce qui rend le texte inintelligible ; Fr. 10 (11)
D. de heredibus instituendis, 28, 5. — V. Cujas, notæ ad Inst. II, tit. de vulg.
et pup. substitatione.

(5) Par exemple dans le Fr. 8 (ou 9) D. De neg. gestis, 3, 5, le texte portait :
« eo *dt* te mihi teneri », ce qui signifiait manifestement : « eo dumtaxat » ;
les scribes en ont fait l'inepte : « eo dictum » qui n'a aucun sens. — Voy.
Mommsen, *Dig.*, 1, p. 101, n. 2.

(6) D. Fr. 8, D. Qui et a quib. man. 10, 0. — Voy. Cujas, *Obs.* IV, 31.
Africain avait écrit : « Cum is qui sub conditione deb-t manumittat *fc*, lex
Aelia Sentia locum habet ». Les scribes, ignorant parfaitement que la loi Aelia Sentia annule l'affranchissement fait *f*(raudandi) c(ausa), ont traduit ces
sigles par *f*(ideicommissi) c(ausa)!!. Avant Cujas, qui a deviné la faute,
elle avait donné lieu à des interprétations aussi forcées que celles du texte
de Celse. La glose ajoutait une négation et aboutissait à un système que Cujas appelle « ineptus, vesanus, solo silentio et contemptu dignus ».

(7) Par exemple dans les *Sentences de Paul* il y a deux erreurs d'abréviations qué l'on a prises pour des interpolations. Ce n'est pas ici le lieu de le
montrer.

Dans ces conditions les erreurs les plus inexcusables pourraient être, sans invraisemblance, mises à la charge des scribes byzantins. Mais ce n'est pas ici le cas ; non seulement des circonstances accidentelles, sur lesquelles nous allons revenir, devaient presque imposer au scribe l'erreur où il est tombé, mais encore elle était, en soi, très excusable : aucune ne l'est davantage parmi celles que je connais.

Cela va résulter de la méthode même que nous allons employer pour découvrir le mot qu'avait réellement écrit Celse.

4. — Étant donné que Celse n'a pas écrit « pecuniam » mais un autre mot, et que la faute du copiste vient de la fausse interprétation d'une abréviation, il faut trouver une graphie que le scribe byzantin ait pu *très plausiblement* prendre pour l'abréviation de « pecuniam », mais qui, plus légitimement encore, était celle du mot réellement écrit par Celse.

Cette graphie est « *pam* ».

Le scribe byzantin y a vu une abréviation *par contraction* (1) formée par la première et les deux dernières lettres de « pecuniam » (p^{am}, comme nous mettons Cie pour Compagnie, B^{on} pour Bataillon, etc.) Des abréviations de ce genre se rencontrent dans les manuscrits, par exemple « hdi » pour « heredi » (2). C'est ainsi précisément que dans le texte énigmatique expliqué par P. Krueger (3) le scribe n'avait pas compris que « bis » était l'abréviation de « heredis ». On trouve une contraction plus forte encore dans le palimpseste de Vérone : « to » pour « testamento » (4).

Nous n'avons donc nul besoin de supposer ici « l'hallucination habituelle » des Byzantins en matière d'abréviations, pour parler comme Cujas, ni de faire remarquer l'état de fatigue ou de distraction où se trouvait notre scribe et dont il a laissé une trace incontestable dans notre texte même, puisqu'il a mal lu le numéro du livre de Celse (III au lieu de VIII).

---

(1) Chassant, *Dict. des abréviations*, p. xvii : « *Les scribes ont fait usage des différents modes suivants d'abréger l'écriture, savoir : 1° par sigles ; 2° par contraction ; 3° par suspension* »...., etc.

(2) Voyez Gaius, *Apographum*, p. 269, deuxième colonne, avant-dernière ligne.

(3) Fr. 29, § 1, D. 40, 7, ZSs. R. A. XXIV, p. 193 et s.

(4) Gaius, *Apographum*, p. 89, ligne 18.

D'ailleurs, s'il avait eu la moindre hésitation à traduire
« pam » par « pecuniam », deux circonstances l'y auraient
presqu'invinciblement poussé :

D'abord, dans tout le titre qu'il vient de copier et dont le
Fr. 16 est le dernier texte, neuf fois sur dix, sinon plus, c'est
de l'argent que l'on donne « ob causam ».

Le simple sens commun de notre scribe, étranger aux « subtilités » des juristes, le poussait dans la même voie, car, pour
se procurer un esclave, qu'est-ce que l'on donne d'habitude?
Évidemment de l'argent!

Il y a mieux : l'un des textes que le scribe vient de copier (1) commence précisément par les mêmes mots que notre
Fr. 16 :

Fr. 3 : Dedi tibi *pecuniam*.....
Fr. 16 : Dedi tibi *pam*.....

Comment notre scribe pourrait-il hésiter à traduire : « Dedi
tibi pam. » de la même façon? Il doit croire nécessairement
que c'est toujours l'hypothèse vingt fois répétée dans le titre :
« j'ai donné de l'argent pour..... » hypothèse qu'il vient encore
de rencontrer, presque sous la même forme, dans un texte
encore plus proche : « Pecuniam in hoc dedi..... » (2).

Mais « pam. » n'était pas une abréviation par *contraction*,
c'était une abréviation par *suspension* (3); ces abréviations
sont très fréquentes; les noms propres, notamment quand ils
sont bien connus, s'abrègent habituellement par les trois premières lettres, exemples : *ant.* pour *antoninus; can.* pour
caninia; had. pour *hadrianus; sab.* pour *sabinus; ser.* pour
servius; sul. pour *sulpicius* (4).

Donc ici « *pam.* » pour « *pamphilum!* »

Nous trouvons ainsi réunis dans le texte de Celse, comme
dans un grand nombre d'autres fragments, l'esclave Stichus
et l'esclave Pamphile, ces Gémeaux de la casuistique romaine.
Peu de noms propres se rencontrent aussi fréquemment dans
les écrits des jurisconsultes. Dans le peu qui nous reste des

(1) Fr. 3, D. de cond. causa data, 12, 4.
(2) Fr. 9, pr. D. au même titre.
(3) Voyez Chassant, *op. cit.*, p. xxvi et s.
(4) Gaius, *Apographum de Studemund*, p. 257, 260, 270, 302, 305.

Digesta de Celse (un trentième environ) le vocable Pamphilus (ou Pamphila) est répété cinq fois (1).

Le compilateur, plus familiarisé avec les exemples usuels de casuistique des Prudents, et qui venait peut-être de voir le même mot écrit en toutes lettres dans un passage précédent, n'a vu là aucune difficulté et a bien lu « Pamphile »; sans cela il n'aurait pas relevé ce texte, qui lui eût paru absurde, pour l'insérer dans l'anthologie du Digeste.

Ainsi donc le manuscrit compilé portait :

« Deditibipamutmihistichumdares... ».

Et par conséquent le texte doit se lire ainsi :

Dedi tibi pam(philum) ut mihi stichum dares : utrum id con-tractus genus proportione emptionis et venditionis est, an nulla hic alia obligatio est quam ob rem dati re non secuta? in quod proclivior sum : et ideo, si mortuus est stichus, repetere possum quod ideo tibi dedi, ut mihi stichum dares. finge alienum esse stichum, sed te tamen eum tradidisse (mancipasse) : repetere a te pam(philum) potero, quia hominem accipientis non feceris : et rursus, si tuus est stichus et pro evictione ejus promittere non vis, non liberaberis, quo minus a te pam(philum) repetere possim.

5. — Avant d'avoir rétabli le texte dans sa teneur primitive il était naturellement impossible d'en donner une interprétation rationnelle; il ne faut donc pas s'étonner si les plus habiles y ont échoué. Autant chercher la quadrature du cercle. Maintenant au contraire il ne présente plus de difficulté, et loin de constituer un défi au sens commun, il nous présente une doctrine très plausible, accompagnée d'une série de conséquences logiques d'une admirable justesse.

L'ensemble de ces solutions montre d'ailleurs clairement que Celse considère l'hypothèse par lui visée comme un cas

(1) Fr. 19, D. 31; Fr. 58, D. 21, 3. Sans compter les trois « Pamphilum » de notre Fr. 16. Dans l'ouvrage complet le mot devait se trouver répété deux cent quarante fois, si l'on calcule par proportion. Rien d'étonnant qu'il ait été parfois écrit en abrégé, d'autant plus qu'il a neuf lettres, en sorte que cela fait une sérieuse économie de travail et de parchemin. Fâcheuse économie toutefois, si l'on songe à ce qu'elle a fait noircir de papier et fatiguer de cerveaux.

d'échange : on est généralement d'accord là-dessus (1).

Comment se fait-il que personne n'ait osé en tirer cette conséquence, pourtant forcée, que l'objet donné n'était pas de l'argent?

Et quand on pense à un échange, l'exemple qui vient naturellement à l'esprit est si bien le troc de Pamphile contre Stichus, que c'est précisément ainsi qu'Accarias pose le cas ; bien mieux, cet exemple, *il l'attribue à Celse!* tenant ainsi, sans s'en douter, la vérité entre ses mains (2).

La question posée par Celse n'est pas tout à fait, comme on pourrait le croire au premier abord, la fameuse controverse entre Sabiniens et Proculiens : l'échange est-il une espèce de vente (3)? Celse ne mettrait pas tant d'hésitation (in quod proclivior sum) à résoudre une question que son école tranchait nettement dans le sens de la négative. Non! Celse part de l'idée, du dogme Proculien, que l'échange n'est pas une vente et ne saurait par suite être sanctionné par les actions de vente (4). Mais est-ce une raison pour ne donner aucune action civile, alors que le sérieux de la convention est démontré par la dation de Pamphile? Ne pourrait-on pas agir ici par cette formule *civilis incerta* qui raconte les faits « praescriptis verbis » sans leur donner un nom technique, comme on le fait, notamment dans des cas très voisins de la vente (5)? L'échange, lui aussi, sans être entièrement assimilable à la vente, en est très

(1) Accarias, *Précis*, II, p. 103, n. 3. Dès le vi⁰ siècle, Stéphane, contemporain de Justinien et Cyrille sous son successeur, dans leurs scolies 1 et 4 (Bas. XXIV, 1, 16) le constatent. Je ne comprends pas comment Schlossmann peut appeler cela de l'arbitraire (reine Willkür, op. cit., p. 151).

(2) Accarias, op. cit., p. 103-104, t. II : « Si je vous ai livré l'esclave *Pamphile* pour obtenir de vous l'esclave Stichus, et qu'ensuite ce dernier périsse par cas fortuit, je répéterai néanmoins Pamphile. *C'est ce que décide Celsus* (L. 16, De cond. causa data, 12, 4) ».

Bien entendu l'auteur, qui lit le texte comme tout le monde (p. 103, n. 3) et est à cent lieues de se douter que le jurisconsulte avait écrit : Pamphile, veut seulement dire que Celse l'aurait décidé ainsi, argument L. 16, etc.

(3) « Speciem emptionis », dit Gaius, III, § 141. Voy. Inst. III, 21, § 2; Fr. 1. D. De rer. per. 19, 4; Fr. 5, § 1. D. De praes. verb. 19, 5 : « quia non placet permutationem rerum emptionem esse... C. 7, C. De rer. per. 4, 64.

(4) Il ne s'agit pas d'une controverse entre écoles, mais d'une divergence entre deux jurisconsultes de la même école.

(5) Fr. 50, D. De cont. empt. 18, 1; Fr. 20, pr. D. Praesc. verb. 19, 5.

voisin (1) : n'est-ce pas le cas, puisque l'action de vente proprement dite nous fait défaut, de dire avec Celse lui-même :

« Cum deficiant vulgaria atque usitata actionum nomina, praescriptis verbis agendum est (2) ».

Mais il y a trop de différences (3) entre l'échange et la vente, notamment quant aux obligations des parties : l'analogie « proportio » n'est pas assez grande, aux yeux de Celse, pour légitimer l'action « praescriptis verbis ».

Celse décide donc ici que le coéchangiste est réduit à la *condictio*, qu'il n'a aucune action pour faire exécuter la convention. Sur ce point, il trouva précisément un contradicteur dans le fameux Ariston, Proculien comme Celse (4) du moins sur la question de la non-assimilation de l'échange à la vente. Celse était en correspondance avec Ariston, et le consultait sur des questions délicates, comme on le voit par deux textes : D. De statuliberis (40,7) 29 § 1 ; D. de pactis (2, 14) 7 § 2. Précisément il l'a consulté sur les effets de la *datio ob rem* et l'on connait la célèbre réponse que lui fit Ariston, au témoignage d'Ulpien, rapporté dans ce dernier texte :

« Sed et si in alium contractum res non transeat, subsit tamen causa, eleganter *Aristo Celso respondit* esse obligationem. Utpula *dedi tibi rem ut mihi aliam dares* (c'est précisément l'hypothèse véritable du texte de Celse), dedi ut aliquid facias : hoc συνάλλαγμα esse et hinc nasci civilem obligationem. Et ideo puto recte Julianum a Mauriciano reprehensum in hoc : dedi tibi Stichum ut Pamphilum manumittas : manumisisti : evictus est Stichus. Julianus scribit in factum actionem a praetore dandam : ille ait civilem incerti actionem (id est praescriptis verbis) sufficere : esse enim contractum, quod Aristo συνάλλαγμα dicit, unde haec nascitur actio (5) ».

---

(1) C'est ce que constate Ariston, celui-là même que Celse consulta sur notre question (voyez plus bas) : Fr. 2, D. De rer. per. 19, 4 : « Aristo ait, quoniam permutatio vicina esset emptioni, sanum quoque, furtis noxisque solutum et non esse fugitivum servum praestandum qui ex (ea) causa daretur ».

(2) Fr. 2, D. De praes. verb. 19, 5.

(3) Fr. 1, D. De rer. per. 19, 4.

(4) Karlowa, *Rechtsgeschichte*, I, 669, le range parmi les Proculiens. D'ailleurs s'il avait été Sabinien comment expliquer que Celse eut l'habitude de le consulter ?

(5) Sur le sens de « civilem incerti actionem ; actio civilis == quae jure

Donc, si je vous ai donné Pamphile pour que vous me donniez Stichus, Celse décide que si vous ne voulez ou ne pouvez (1) exécuter, je n'aurai que le droit de reprendre Pamphile. Ariston, au contraire, voit là un contrat donnant naissance à l'action *civilis incerti*. Cette action est bien nécessaire, en effet, car la *condictio* peut parfois faire défaut, comme dans le cas prévu par Julien : je vous ai donné Stichus, pour que vous affranchissiez Pamphile : vous l'avez affranchi, puis Stichus, dont je n'étais pas propriétaire, est évincé sur vous. Quelle action vous compéterait ? Ne pouvant ici donner l'action de vente, car l'opération ne saurait, comme dans le cas d'échange, être assimilée à une vente, le Sabinien Julien était forcé d'avoir recours au préteur.

On voit le rapport étroit qui existe entre le texte de Celse, (D. 12,4) 16, d'une part, et la réponse que lui fit Ariston, D. (2,14) 7, § 2.

Sans entrer à fond ici dans la théorie des contrats innommés, ce qui nous entraînerait trop loin, nous devons cependant nous demander si le compilateur a eu raison d'insérer au Digeste le texte de Celse puisqu'il est en contradiction avec la doctrine d'Ariston, approuvée par Ulpien (2). Mais cette dernière doctrine ne paraît l'avoir définitivement emporté que sous Justinien : Paul la contredit visiblement dans un texte non interpolé; plusieurs constitutions impériales l'ignorent complétement (3). Le compilateur de Celse n'a pas été mis au

civili competit », voyez Erman, *ZSs.*, R. A. XXV, p. 336 et s. — Ehrlich, dans la *Zeits. de Grünhut*, t. XXXII, p. 602, l'entend autrement que ne le fait Erman et la doctrine courante.

(1) « Et ideo, si mortuus est Stichus, repetere possum quod ideo tibi dedi ut mihi Stichum dares ». Si Celse, au lieu de désigner ici l'objet donné (pecuniam, selon le Digeste), se sert d'une périphrase, c'est précisément parce que cela n'avait aucun inconvénient, cet objet étant quelconque, puisque l'acte est un échange.

(2) Et par Papinien : Fr. 7, 8, D. Praescript. verb., 19, 5.

(3) Fr. 1, § 1 D. De rer. per., 19, 4 : « Igitur ex altera parte traditione facta, si alter rem nolit tradere, non in hoc agemus quod interest (a) nostra

(a) Au lieu de « quod interest » (leçon du Parisiensis P et du Patavinus U, la Florentine porte « ut res », ce qui n'a pas de sens et vient visiblement de ce que le copiste, se trompant de ligne, a pris ces mots dans la ligne précédente, précisément au-dessus (il y a 36 lettres d'intervalle, ce qui fait souvent une ligne de la Florentine). Le supplément de Mommsen : « ut res (tra-

courant des interpolations effectuées ou méditées par ses collègues ou par leur chef. On ne saurait donc lui reprocher l'insertion d'un texte conforme à la doctrine de Paul et à des rescrits impériaux qui refusent au coéchangiste toute action pour faire exécuter le contrat.

6. — Mais à défaut d'action en exécution, le « *dans* » a un moyen indirect de contraindre l'autre partie à accomplir la prestation promise, c'est de reprendre par la *condictio* l'objet donné. Dans la suite de notre texte, Celse s'occupe des conditions d'exercice de cette *condictio*.

Si un contrat s'était formé par suite de la *datio* de Pamphile, si une action *civile* avait été donnée pour contraindre l'*accipiens* à accomplir la prestation promise — par exemple s'il eût promis par une stipulation — alors cette obligation eût constitué une contre-valeur équilibrant la prestation par lui reçue et l'esclave Pamphile n'aurait pas été sans cause entre ses mains ; la *condictio* eût été exclue (1).

illam rem accepisse, de qua convenit, sed ut res contra nobis reddatur, condictioni locus est quasi re non secutâ ». Voyez Naber, *Mnemosynes bibliothecae philologicae batavae*, 22, p. 82 et s. — Dioclétien ignore l'existence d'une action civile en exécution du contrat « do ut des » : C. 7. C. de rer. per., 4, 64 et surtout C. 4, C. De dolo malo, II, 21, texte qu'Accarias donne (*Contrats innommés*, p. 225 et *Précis* II, p. 403) comme « une simple distraction ou comme la protestation toute personnelle d'un rédacteur arriéré » (!!). Le même empereur admet comme Celse la répétition de ce qui a été donné ob *causam* même si la non-exécution provient d'un cas fortuit et non de la faute de l'*accipiens* (C. 10, C. De cond. causa data, 4, 6, où le mot « minime » est assurément interpolé (voyez Pernice, *Labeo*, III, p. 303, n. 5 et 304, n. 2). Cette interpolation et d'autres au même titre peuvent d'ailleurs n'avoir été faites que dans la 2e édition du Code.

(1) Le cumul de la *condictio* et de l'action *praescriptis verbis* chez Paul (Fr. 1, D. de rer. per., 19, 1 ; Fr. 5, § 1, D. praes. verb., 19, 5), ne résulte que des interpolations ; c'est ce qui a échappé à Accarias (*Cont. innom.*, p. 129), mais ce qu'a très bien vu Naber, *Mnemosynes*, XXII, p. 86. On ne saurait, dit-il, citer de jurisconsultes en faveur de l'idée qui accorde au coéchangiste le choix (refusé au vendeur et à l'acheteur) entre l'action en exécution et l'action en répétition : « nam frustra provocant ad auctoritatem Pauli, quia is non simul dedit praescript. verb. actionem et condictionem quasi re non sedita nobis reddatur, sed in hoc quod interest) nostra … » inspiré par une scolie, est, justement pour cela, dénué de toute valeur, car le scoliaste a naturellement exprimé le droit de Justinien. C'est celui de Paul que nous voulons.

Mais comme aucun contrat ne s'est formé, la *condictio* reste ouverte tant que l'autre partie ne s'est pas entièrement exécutée, pour quelque raison que ce soit, même si l'objet promis a péri par cas fortuit : « Et ideo, si mortuus est Stichus, repetere possum quod ideo tibi dedi ut mihi Stichum dares ». Si, au contraire, elle a complètement exécuté la convention, elle est à l'abri de toute répétition : Stichus n'est plus sans cause entre ses mains.

Mais quand y aura-t-il exécution parfaite ? Quel critérium employer pour le discerner ? Il en est un bien simple et qui vient tout de suite à l'esprit :

Puisque, si vous aviez été obligé de me donner Stichus, toute répétition cesserait, il vous faut donc, pour l'éviter, faire tout comme si vous y aviez été obligé. Cette hypothèse n'est pas chimérique : elle deviendrait une réalité dans un cas, mais dans un seul, celui où, en vous donnant Pamphile, j'aurais *stipulé* de vous que vous me donneriez Stichus. Pour Celse, qui n'admet ici ni l'action de vente, ni l'*actio civilis incerti* préconisée par Ariston, le seul moyen de faire naître une obligation contractuelle dans notre cas, c'est de stipuler (1).

L'*accipiens* doit donc, pour éviter la répétition, faire tout ce qu'il aurait été contraint de faire s'il avait promis par stipulation ce qu'il a promis par simple convention : « Stichum dare ».

Voilà le seul critérium auquel Celse pût songer, la seule analogie sur laquelle pussent s'appuyer ses solutions. Et cette

cula, atque praeterea impingunt in summi Papiniani auctoritatem, satis aperte declarantis utramque actionem nunquam concurrere (Pr.7, D. 19, 5) ». Naber ajoute que ce cumul toutefois est admis par des rescrits, sans prendre garde que c'est précisément là une des meilleures raisons de les croire interpolés : Code IV, 64, de rer. perm. Sont interpolés : C. 1. : « si hoc elegeris (voy. Erman, ZSr, 25, p. 470); C. 4 : « praescriptis verbis actione, ut vel fides placiti servetur tibi, vel » : C. 5 « placitis eum parere vel » ; C. 6 « praescriptis verbis incertam civilem » au lieu de « in factum ». Naber, *loco cit.*, p. 82, n'admet pas l'interpolation mais se voit obligé d'avouer qu'ici : « nimis fortasse genio suo indulserunt imperatores » ; C. 8 : « competit » au lieu de « dindam ». Comp. C. VI, 54, 3 et Vat. 286.

(1) Comme semble bien le supposer encore la const. 7. Code de rer. per.. 4, 64. Ce texte paraît bien ne connaître au profit du permutant qui a exécuté qu'une seule action la condictio c. d. c. non s., dans le cas où il n'y a pas eu de stipulation : « citra stipulationis solemnitatem ».

observation *a priori* est confirmée *a posteriori* par le fait même :
toutes les prestations qu'il impose à l'*accipiens* soucieux d'éviter la répétition, sont identiquement celles que les textes impo-
sent à celui qui aurait promis par stipulation : « Stichum
dare ».

Supposons donc qu'en recevant Pamphile, le coéchangiste
se fût engagé par une stipulation à « dare Stichum » (ut mihi
Stichum dares), à quoi aurait-il été tenu ? Les textes vont
répondre :

« Haec stipulatio fundum Tusculanum dari ostendit se certi
esse, continetque *ut dominium omnimodo efficiatur stipulatoris
quoquo modo* (1) ».

« Qui vendidit necesse non habet fundum emptoris facere, *ut
cogitur qui fundum stipulanti spopondit* (2) ».

Conformément à ces principes Celse décide que vous ne
devez pas vous borner à accomplir à mon profit l'acte translatif
de propriété, mais l'accomplir efficacement, et que par suite si
vous n'êtes pas propriétaire de Stichus vous aurez beau me le
manciper, je n'en pourrai pas moins répéter Pamphile, si je
découvre votre défaut de droit sur Stichus, sans qu'on exige,
comme en cas de vente, qu'il y ait eu éviction ou mauvaise foi :
« Finge alienum esse Stichum, sed te tamen eum tradidisse
(lisez : mancipasse) repetere a te pecuniam (lisez : Pamphilum)
potero quia hominem accipientis (sous-entendu : mei) non feceris... (3) ».

Celse avait naturellement écrit à la place de « tradidisse » :

----

(1) Fr. 75, § 10, D. De verb. oblig. 45, 1.

(2) Fr. 25, § 1, D. De cont. empt. 18, 1. C'est d'ailleurs le sens technique
et ordinaire de dare : « cum scilicet id dari nobis intellegatur quod ita datur
ut nostrum fiat » : G. IV, § 4, Inst. IV, 6, § 11. Comme il est incontestable
que la stipulation « rem dari » oblige à transférer effectivement la propriété,
nous n'avons pas à suivre Schlossmann dans la dissertation par laquelle il
s'efforce de prouver que dare signifie seulement « faire les actes propres à
transférer », ce qui le conduit à substituer (bien à tort, voyez ci-dessus)
« non mancipaveris » à « accipientis non feceris ». Je ne puis que m'associer
à cet égard aux judicieuses observations d'Erman, ZSs. 23, 163, 166.

(3) Suivant Erman ZSs. 25, p. 167, Celse a fort bien pu écrire « accipientis
non feceris » (Contrà, Schlossmann, p. 187) : il a pu écrire aussi : « meum
ex jure quiritium non feceris ».

« mancipasse » ou « mancipio dedisse » (1) : « dare Stichum » doit naturellement s'entendre de transférer la propriété « omnimodo » comme le dit Ulpien (Fr. 75, § 10, D. De verb. obl. 45, 1 reproduit ci-dessus), par conséquent au point de vue quiritaire et bonitaire ; car, en cas de stipulation, dit Ulpien (2) « si res tradita fuerit quae debebatur, *quamdiu aliquid juri rei deest*, adhuc tamen ipsa res petenda est ».

Enfin, en supposant même que vous soyez propriétaire de Stichus, que vous m'en fournissiez des preuves en apparence décisives, il ne suffira pas de le manciper, il faudra encore que vous me garantissiez contre l'éviction par une stipulation spéciale, sans quoi je pourrai répéter Pamphile :

« Et rursus, si tuus est Stichus et pro evictione ejus promittere non vis, non liberaberis, quo minus a te pecuniam (lisez : Pamphilum) repetere possim ».

Rien de plus naturel. En effet, il en serait ainsi si vous vous étiez obligé par une stipulation à me « dare Stichum ». Les textes le décident expressément :

« Etiam circa stipulationem et ex testamento actionem, si res tradita fuerit quae debebatur, quamdiu aliquid juri rei deest adhuc tamen ipsa res petenda est : utputa possum fundum petere, licet mihi traditus sit, si *jus quoddam cautionis* supererit » (3).

Comme il s'agit d'un immeuble, on ne peut songer à la garantie des vices cachés, c'est donc surtout, sinon exclusivement, à la garantie d'éviction que le jurisconsulte fait ici allusion. Au surplus, un autre texte nous fournit une application intéressante du droit du créancier d'exiger une stipulation de garantie du débiteur qui lui a promis par stipulation de « dare fundum ». Comme le dit Pothier (4) : « Continetur etiam hac stipulatione, ut promissor cavere teneatur de evictione rei quam solvit » :

Fr. 131, § 1, D. De verb. oblig. 45, 1 Scaevola : « Qui fun-

----

(1) Lenel, Pal. Celse, 73 ; Erman, *loc. cit.*, p. 168.
(2) Fr. 27, D. De sol. 46, 3.
(3) Fr. 27, D. De sol. 46, 3, Ulpien.
(4) Pand. Just. 45, 1, § 116.

dum sibi aut Titio dari stipulatur, quamvis fundus Titio traditus sit, nihilominus petere fundum potest, ut sibi de evictione promittatur. Nam interest ejus, quia mandati actione fundum recepturus sit a Titio. Sed si donationis causa Titium interposuit, dicetur traditione protinus reum liberari » (1).

Naturellement la nécessité de fournir la garantie d'éviction n'a rien de spécial au cas d'« adjectus solutionis gratia », modalité qui ne saurait aggraver la situation du débiteur en lui imposant des obligations nouvelles, bien au contraire. Elle est donc imposée à tout débiteur par stipulation d'une chose susceptible d'éviction. Cette garantie était d'ailleurs tout à fait nécessaire dans l'ancien droit où, selon toute vraisemblance, tout débiteur par stipulation devait être libéré par une acceptilation en forme (2), usage qui s'est assurément conservé même après que le paiement eût été reconnu suffisant pour éteindre les dettes nées *verbis*, comme le prouve le texte de Scaevola (3) ; il existait donc *a fortiori* au temps de Celse. Conséquemment Celse impose au coéchangiste qui donne Stichus après avoir reçu Pamphile, la nécessité de fournir cette garantie, pour éviter la répétition, puisqu'il aurait dû la fournir s'il avait été obligé de donner Stichus, c'est-à-dire s'il avait revêtu des formes de la stipulation sa promesse restée à l'état de pacte nu (4).

Toutes ces solutions se déduisent donc avec une impeccable logique de l'opinion émise par Celse au commencement du fragment. A part l'erreur du scribe et l'interpolation mécanique de « tradidisse » pour « mancipasse », le texte est pur et s'explique aussi facilement que simplement.

Cette simplicité n'est-elle pas la marque de la vérité ?

Nous le croyons fermement ; puisse le lecteur le penser

(1) Pothier, *loc. cit.*, ajoute en note : « Hoc enim casu nullatenus interest stipulatoris, fundum Titio evinci ». — Naturellement Scaevola avait écrit « mancipatus ... mancipatione » et non « traditus ... traditione ». Voy. Lenel, Palingenesia, Scaevola 174.

(2) Girard, *Manuel*, p. 683, n. 3, p. 712, et les textes et auteurs cités ; Cuq II, p. 529.

(3) Fr. 131, § 1. D. De verb. obl. 45, 1, précité.

(4) L'utilité de cette stipulation se montrera notamment dans le cas où, au moment de l'éviction de Stichus, Pamphile est mort ou affranchi, de sorte que la condictio devient inefficace.

aussi et dire de cette interprétation ce que Dumoulin, avec une présomption qu'excusait son savoir, disait de la sienne (1).

7. — Le hasard seul nous a mis sur la voie de cette explication. En effet, en 1889 nos méditations sur ce texte n'avaient abouti qu'à augmenter d'une unité le nombre des systèmes inadmissibles. Une circonstance fortuite, le voisinage de deux articles qui se suivent dans la *Zeitschrift der Savignystiftung* (2), celui de Schlossmann sur notre texte et celui de P. Krueger sur l'erreur d'abréviation qui rend inintelligible un autre fragment, voilà peut-être ce qui, par une association d'idées assez naturelle, nous aura suggéré la pensée de rechercher si la L. 16, elle aussi, ne s'expliquerait pas par l'interprétation erronée d'une abréviation; à peine la question s'était-elle posée que la lumière s'est faite.

Cette histoire de la L. 16 dure depuis huit siècles : c'est beaucoup. Bien qu'il ne faille jurer de rien, car les erreurs les plus absurdes sont parfois les plus tenaces, il est permis d'espérer qu'elle touche à sa fin et d'essayer d'en tirer la ou les moralités.

Fontenelle un jour recevant des savants dans son jardin leur fit constater qu'une boule, qui se trouvait là, était froide du côté exposé au soleil et chaude de l'autre. Comment expliquer ce fait étrange? Chacun donna ses raisons, aucun ne resta court. « Ne serait-ce pas plutôt, dit enfin Fontenelle, parce que je viens de la retourner ? »

Avant de chercher à expliquer un phénomène, il faut être bien sûr qu'il existe.

Cette histoire ne nous montre-t-elle pas aussi que nous sommes aux antipodes de la méthode des Prudents quand de ces praticiens vivant dans le concret nous faisons des

(1) *Extricatio labyrinthi*, pr. § 24, in fine : « Et sic habes ut verum ita genuinum intellectum dictarum legum... et omnes omnium glossarum et Doctorum super eis intricationes clarissime profligatas, in quibus veteres et recentiores frustra sudarunt, et varios intellectus male congruentes finxerunt ».

(2) T. XXIV, R. A. p. 152-193 et 193-197.

abstracteurs de quintescence (1), quand nous leur imputons des subtilités dont eût rougi le plus subtil des scolastiques, et même des absurdités dont un pauvre scribe byzantin est seul responsable?

CH. APPLETON.

(1) Erman, *loco cit.*, p. 165 : « Das Denken unserer Klassiker erscheint mir als ueberaus klar, kraeftig, folgerichtig, aber dabei immer als plastischconcret, von sinnlicher Anschauung ausgehend ».

www.ingramcontent.com/pod-product-compliance
Lightning Source LLC
LaVergne TN
LVHW010333030726
842520LV00004B/1433